Sächsische Bauordnung (SächsBO)

Freistaat Sachsen; Sächsische Bauordnung (SächsBO)

Textausgabe für Studium und Beruf

Impressum

© GROELSV – Verlag, Hans-Much-Weg 14, 20249 Hamburg, Telefon: 040/ 32030598;
- Redaktion GROELSV

Wir sind bemüht, ein ansprechendes Produkt zu gestalten, dass vernünftigen Ansprüchen an das Preis/Leistungsverhältnis gerecht wird. Buchbewertungen, z. B. über den Distributor Amazon sind ausdrücklich erwünscht. Konstruktive Anregungen nutzen wir gerne, um künftige Auflagen zu ergänzen und anzupassen.

Die Rechte am Werk, insbesondere für die Zusammenstellung, die Cover- und weitere Gestaltung liegen beim Verlag. Trotz sorgfältigster Bearbeitung und Qualitätskontrolle können Übertragungsfehler und technische Fehler nicht letztgültig ausgeschlossen werden. Fachanwaltliche Beratung wird durch die Konsultation einer Rechtssammlung nicht ersetzt.

Freistaat Sachsen; Sächsische Bauordnung (SächsBO)

Inhaltsverzeichnis

Sächsische Bauordnung (SächsBO)

Freistaat Sachsen; Sächsische Bauordnung (SächsBO)

Vom 28. Mai 2004 (GVBl. S. 200)
geändert am **29. Januar 2008** (GVBl. S. 102), **13. August 2009**
(GVBl. S. 438), **19. Mai 2010** (GVBl. S. 142),
4. Oktober 2011 (GVBl. S. 377) und
am **27. Januar 2012** (GVBl. S. 130)

Der Sächsische Landtag hat am 22. April 2004 das folgende Gesetz beschlossen:

Teil 1 – Allgemeine Vorschriften

§ 1 Anwendungsbereich

(1) Dieses Gesetz gilt für bauliche Anlagen und Bauprodukte. Es gilt auch für Grundstücke sowie für andere
Anlagen und Einrichtungen, an die in diesem Gesetz oder in Vorschriften aufgrund dieses Gesetzes Anforderungen
gestellt werden.
(2) Die Vorschriften der Teile 1 bis 5 und des Teils 7 dieses Gesetzes gelten nicht für
1. Anlagen des öffentlichen Verkehrs einschließlich Zubehör, Nebenanlagen und Nebenbetriebe, ausgenommen
Gebäude;
2. Anlagen, die der Bergaufsicht unterliegen, ausgenommen Gebäude;
3. Leitungen, die der öffentlichen Versorgung mit Wasser, Gas, Elektrizität, Wärme, der öffentlichen
Abwasserentsorgung oder der Telekommunikation dienen;
4. Rohrleitungen, die dem Ferntransport von Stoffen dienen, und
5. Kräne und Krananlagen.

§ 2 Begriffe

(1) Bauliche Anlagen sind mit dem Erdboden verbundene, aus Bauprodukten hergestellte Anlagen. Eine

Verbindung mit dem Boden besteht auch dann, wenn die Anlage durch eigene Schwere auf dem Boden ruht oder
auf ortsfesten Bahnen begrenzt beweglich ist oder wenn die Anlage nach ihrem Verwendungszweck dazu bestimmt
ist, überwiegend ortsfest benutzt zu werden. Bauliche Anlagen sind auch
1. Aufschüttungen und Abgrabungen;
2. Lagerplätze, Abstellplätze und Ausstellungsplätze;
3. Sport- und Spielflächen;
4. Campingplätze, Wochenendplätze und Zeltplätze;
5. Freizeit- und Vergnügungsparks;
6. Stellplätze für Kraftfahrzeuge;
7. Gerüste sowie
8. Hilfseinrichtungen zur statischen Sicherung von Bauzuständen.
Anlagen sind bauliche Anlagen und andere Anlagen und Einrichtungen im Sinne des § 1 Abs. 1 Satz 2.
(2) Gebäude sind selbstständig benutzbare, überdeckte bauliche Anlagen, die von Menschen betreten werden
können und geeignet oder bestimmt sind, dem Schutz von Menschen, Tieren oder Sachen zu dienen.
(3) Gebäude werden in folgende Gebäudeklassen eingeteilt:
1. Gebäudeklasse 1:
a.) freistehende Gebäude mit einer Höhe bis zu 7 m und nicht mehr als zwei Nutzungseinheiten von
insgesamt nicht mehr als 400 m² und
b.) freistehende land- oder forstwirtschaftlich genutzte Gebäude;
2. Gebäudeklasse 2:
Gebäude mit einer Höhe bis zu 7 m und nicht mehr als zwei Nutzungseinheiten von insgesamt nicht mehr
als 400 m²;
3. Gebäudeklasse 3:
sonstige Gebäude mit einer Höhe bis zu 7 m;
4. Gebäudeklasse 4:
Gebäude mit einer Höhe bis zu 13 m und Nutzungseinheiten mit jeweils nicht mehr als 400 m²;
5. Gebäudeklasse 5:
sonstige Gebäude einschließlich unterirdischer Gebäude.
Höhe im Sinne des Satzes 1 ist das Maß der Fußbodenoberkante des höchstgelegenen Geschosses, in dem ein
Aufenthaltsraum möglich ist, über der Geländeoberfläche im Mittel. Die Grundflächen der Nutzungseinheiten im
Sinne dieses Gesetzes sind die Brutto-Grundflächen. Bei der Berechnung der Brutto-Grundflächen nach Satz 1
bleiben Flächen in Kellergeschossen außer Betracht.
(4) Sonderbauten sind Anlagen besonderer Art oder Nutzung, die einen der nachfolgenden Tatbestände erfüllen:
1. Hochhäuser (Gebäude mit einer Höhe nach Absatz 3 Satz 2 von mehr als 22 m);
2. bauliche Anlagen mit einer Höhe von mehr als 30 m;
3. Gebäude mit mehr als 1 600 m² Grundfläche des Geschosses mit der größten Ausdehnung, ausgenommen
Wohngebäude sowie land- oder forstwirtschaftliche Gebäude mit nicht mehr als 10 000 m³

Brutto-
Rauminhalt;

4. Verkaufsstätten, deren Verkaufsräume und Ladenstraßen eine Grundfläche von insgesamt mehr als 800 m²
haben;

5. Gebäude mit Räumen, die einer Büro- oder Verwaltungsnutzung dienen und einzeln eine Grundfläche von
mehr als 400 m² haben;

6. Gebäude mit Räumen, die einzeln für die Nutzung durch mehr als 100 Personen bestimmt sind;

7. Versammlungsstätten

a.) mit Versammlungsräumen, die insgesamt mehr als 200 Besucher fassen, wenn diese Versammlungsräume
gemeinsame Rettungswege haben,

b.) im Freien mit Szenenflächen und Freisportanlagen, deren Besucherbereich jeweils mehr als 1 000
Besucher fasst und ganz oder teilweise aus baulichen Anlagen besteht;

8. Schank- und Speisegaststätten mit mehr als 40 Gastplätzen, Beherbergungsstätten mit mehr als 12 Betten
und Spielhallen mit mehr als 150 m² Grundfläche;

9. Krankenhäuser, Heime und sonstige Einrichtungen zur Unterbringung oder Pflege von Personen;

10. Tageseinrichtungen für Kinder, behinderte und alte Menschen;

11. Schulen, Hochschulen und ähnliche Einrichtungen;

12. Justizvollzugsanstalten und bauliche Anlagen für den Maßregelvollzug;

13. Camping- und Wochenendplätze;

14. Freizeit- und Vergnügungsparks;

15. Fliegende Bauten, soweit sie einer Ausführungsgenehmigung bedürfen;

16. Regallager mit einer Oberkante Lagerguthöhe von mehr als 7,50 m;

17. bauliche Anlagen, deren Nutzung durch Umgang oder Lagerung von Stoffen mit Explosions- oder erhöhter
Brandgefahr verbunden ist;

18. Anlagen, für die nach dem Gesetz über die Umweltverträglichkeitsprüfung (UVPG) in der Fassung der
Bekanntmachung vom 5. September 2001 (BGBl. I S. 2350), das zuletzt durch Artikel 2 des Gesetzes vom
18. Juni 2002 (BGBl. I S. 1914, 1921) geändert worden ist, oder dem Gesetz über die Umweltverträglichkeitsprüfung
im Freistaat Sachsen (SächsUVPG) vom I. September 2003 (SächsGVBl. S. 418), in den jeweils geltenden Fassungen, eine Umweltverträglichkeitsprüfung durchzuführen ist, oder

19. Anlagen, die in den Nummern 1 bis 18 nicht aufgeführt und deren Art oder Nutzung mit vergleichbaren
Gefahren verbunden sind.

(5) Aufenthaltsräume sind Räume, die zum nicht nur vorübergehenden Aufenthalt von Menschen bestimmt oder
geeignet sind.

(6) Geschosse sind oberirdische Geschosse, wenn ihre Deckenoberkanten im Mittel mehr als 1,40 m über die
Geländeoberfläche hinausragen. Im Übrigen sind sie Kellergeschosse. Hohlräume zwischen der obersten Decke

und der Bedachung, in denen Aufenthaltsräume nicht möglich sind, sind keine Geschosse.
(7) Stellplätze sind Flächen, die dem Abstellen von Kraftfahrzeugen außerhalb der öffentlichen Verkehrsflächen
dienen. Garagen sind Gebäude oder Gebäudeteile zum Abstellen von Kraftfahrzeugen. Ausstellungs-, Verkaufs-,
Werk- und Lagerräume für Kraftfahrzeuge sind keine Stellplätze oder Garagen.
(8) Feuerstätten sind in oder an Gebäuden ortsfest benutzte Anlagen oder Einrichtungen, die dazu bestimmt sind,
durch Verbrennung Wärme zu erzeugen.
(9) Bauprodukte sind
1. Baustoffe, Bauteile und Anlagen, die hergestellt werden, um dauerhaft in bauliche Anlagen eingebaut zu
werden oder
2. aus Baustoffen und Bauteilen vorgefertigte Anlagen, die hergestellt werden, um mit dem Erdboden
verbunden zu werden, wie Fertighäuser, Fertiggaragen und Silos.
(10) Bauart ist das Zusammenfügen von Bauprodukten zu baulichen Anlagen oder Teilen von baulichen
Anlagen.
(11) Eine rechtliche Sicherung liegt vor, wenn das zu sichernde Recht oder die rechtliche Verpflichtung als
Grunddienstbarkeit (§ 1018 des Bürgerlichen Gesetzbuches - BGB) und als beschränkt persönliche Dienstbarkeit
(§ 1090 BGB) zugunsten der Bauaufsichtsbehörde im Grundbuch eingetragen ist oder wenn dafür eine Baulast
übernommen worden ist.

§ 3 Allgemeine Anforderungen

(1) Anlagen sind so anzuordnen, zu errichten, zu ändern und instand zu halten, dass die öffentliche Sicherheit
und Ordnung, insbesondere Leben, Gesundheit und die natürlichen Lebensgrundlagen, nicht gefährdet werden.
(2) Bauprodukte und Bauarten dürfen nur verwendet werden, wenn bei ihrer Verwendung die baulichen Anlagen
bei ordnungsgemäßer Instandhaltung während einer dem Zweck entsprechenden angemessenen Zeitdauer die
Anforderungen dieses Gesetzes oder aufgrund dieses Gesetzes erfüllen und gebrauchstauglich sind.
(3) Die von der obersten Bauaufsichtsbehörde durch öffentliche Bekanntmachung als Technische Baubestimmungen
eingeführten technischen Regeln sind zu beachten. Bei der Bekanntmachung kann hinsichtlich ihres
Inhalts auf die Fundstelle verwiesen werden. Von den Technischen Baubestimmungen kann abgewichen werden,
wenn mit einer anderen Lösung in gleichem Maße die allgemeinen Anforderungen des Absatzes 1 erfüllt
werden. § 17 Abs. 3 und § 21 bleiben unberührt.
(4) Für die Beseitigung von Anlagen und für die Änderung ihrer Nutzung gelten die Absätze 1 und 3

entsprechend.

(5) Bauprodukte und Bauarten, die in Vorschriften anderer Vertragsstaaten des Abkommens über den Europäischen

Wirtschaftsraum genannten technischen Anforderungen entsprechen, dürfen verwendet oder angewendet

werden, wenn das geforderte Schutzniveau in Bezug auf Sicherheit, Gesundheit und Gebrauchstauglichkeit

gleichermaßen dauerhaft erreicht wird.

Teil 2 - Das Grundstück und seine Bebauung

§ 4 Bebauung der Grundstücke mit Gebäuden

(1) Gebäude dürfen nur errichtet werden, wenn das Grundstück in angemessener Breite an einer befahrbaren

öffentlichen Verkehrsfläche liegt oder wenn das Grundstück eine befahrbare, rechtlich gesicherte Zufahrt zu

einer befahrbaren öffentlichen Verkehrsfläche hat.

(2) Ein Gebäude auf mehreren Grundstücken ist nur zulässig, wenn rechtlich gesichert ist, dass dadurch keine

Verhältnisse eintreten können, die Vorschriften dieses Gesetzes oder aufgrund dieses Gesetzes widersprechen.

§ 5 Zugänge und Zufahrten auf den Grundstücken

(1) Von öffentlichen Verkehrsflächen ist insbesondere für die Feuerwehr ein geradliniger Zu- oder Durchgang zu

rückwärtigen Gebäuden zu schaffen. Zu anderen Gebäuden ist er zu schaffen, wenn der zweite Rettungsweg

dieser Gebäude über Rettungsgeräte der Feuerwehr führt. Zu Gebäuden, bei denen die Oberkante der Brüstung

von zum Anleitern bestimmten Fenstern oder Stellen mehr als 8 m über Gelände liegt, ist in den Fällen des

Satzes 1 anstelle eines Zu- oder Durchgangs eine Zu- oder Durchfahrt zu schaffen. Ist für die Personenrettung

der Einsatz von Hubrettungsfahrzeugen erforderlich, sind die dafür erforderlichen Aufstell- und Bewegungsflächen

vorzusehen. Bei Gebäuden, die ganz oder mit Teilen mehr als 50 m von einer öffentlichen Verkehrsfläche

entfernt sind, sind Zufahrten oder Durchfahrten nach Satz 3 zu den vor und hinter den Gebäuden geleenen

Grundstücksteilen und Bewegungsflächen herzustellen, wenn sie aus Gründen des Feuerwehreinsatzes

erforderlich sind.

(2) Zu- und Durchfahrten, Aufstellflächen und Bewegungsflächen müssen für Feuerwehrfahrzeuge ausreichend

befestigt und tragfähig sein. Sie sind als solche zu kennzeichnen und ständig freizuhalten. Die Kennzeichnung

von Zufahrten muss von der öffentlichen Verkehrsfläche aus sichtbar sein. Fahrzeuge

dürfen auf den Flächen
nach Satz 1 nicht abgestellt werden.

§ 6 Abstandsflächen, Abstände

(1) Vor den Außenwänden von Gebäuden sind Abstandsflächen von oberirdischen Gebäuden freizuhalten. Satz 1
gilt entsprechend für andere Anlagen, von denen Wirkungen wie von Gebäuden ausgehen, gegenüber Gebäuden
und Grundstücksgrenzen. Eine Abstandsfläche ist nicht erforderlich vor Außenwänden, die an Grundstücksgrenzen
errichtet werden, wenn nach planungsrechtlichen Vorschriften an die Grenze gebaut werden muss oder
gebaut werden darf.
(2) Abstandsflächen sowie Abstände nach § 30 Abs. 2 Nr. 1 und § 32 Abs. 2 müssen auf dem Grundstück selbst
liegen. Sie dürfen auch auf öffentlichen Verkehrs-, Grün- und Wasserflächen liegen, jedoch nur bis zu deren
Mitte. Abstandsflächen sowie Abstände im Sinne des Satzes 1 dürfen sich ganz oder teilweise auf andere
Grundstücke erstrecken, wenn rechtlich gesichert ist, dass sie nicht überbaut werden. Abstandsflächen dürfen auf
die auf diesen Grundstücken erforderlichen Abstandsflächen nicht angerechnet werden.
(3) Die Abstandsflächen dürfen sich nicht überdecken. Dies gilt nicht für
1. Außenwände, die in einem Winkel von mehr als 75 Grad zueinander stehen;
2. Außenwände zu einem fremder Sicht entzogenen Gartenhof bei Wohngebäuden der Gebäudeklassen 1 und 2
oder
3. Gebäude und andere bauliche Anlagen, die in den Abstandsflächen zulässig sind.
(4) Die Tiefe der Abstandsfläche bemisst sich nach der Wandhöhe. Sie wird senkrecht zur Wand gemessen.
Wandhöhe ist das Maß von der Geländeoberfläche bis zum Schnittpunkt der Wand mit der Dachhaut oder bis
zum oberen Abschluss der Wand. Die Höhe von Dächern mit einer Neigung von weniger als 70 Grad wird zu
einem Drittel der Wandhöhe hinzugerechnet. Andernfalls wird die Höhe des Daches voll hinzugerechnet. Die
Sätze 1 bis 4 gelten für Dachaufbauten entsprechend. Das sich ergebende Maß ist H.
(5) Die Tiefe der Abstandsflächen beträgt 0,4 H, mindestens 3 m. In Gewerbe- und Industriegebieten genügt eine
Tiefe von 0,2 H, mindestens 3 m. Vor den Außenwänden von Wohngebäuden der Gebäudeklassen 1 und 2 mit
nicht mehr als drei oberirdischen Geschossen genügt als Tiefe der Abstandsfläche 3 m.
(6) Bei der Bemessung der Abstandsflächen bleiben außer Betracht
1. vor die Außenwand vortretende Bauteile wie Gesimse und Dachüberstände sowie
2. Vorbauten, wenn sie
a.) insgesamt nicht mehr als ein Drittel der Breite der jeweiligen Außenwand in Anspruch nehmen,
b.) nicht mehr als 1,50 m vor diese Außenwand vortreten und
c.) mindestens 2 m von der gegenüberliegenden Nachbargrenze entfernt bleiben.

(7) In den Abstandsflächen eines Gebäudes sowie ohne eigene Abstandsflächen sind, auch wenn sie nicht an die
Grundstücksgrenze oder an das Gebäude angebaut werden, zulässig
1. Garagen einschließlich Abstellraum und Gebäude ohne Aufenthaltsräume und Feuerstätten mit einer
mittleren Wandhöhe bis zu 3 m und einer Gesamtlänge je Grundstücksgrenze von 9 m;
2. gebäudeunabhängige Solaranlagen mit einer Höhe bis zu 3 m und einer Gesamtlänge je Grundstücksgrenze
von 9 m sowie
3. Stützmauern und geschlossene Einfriedungen in Gewerbe- und Industriegebieten, außerhalb dieser Baugebiete
mit einer Höhe bis zu 2 m.
Die Länge der die Abstandsflächentiefe gegenüber den Grundstücksgrenzen nicht einhaltenden Bebauung nach
Nummer 1 und 2 darf auf einem Grundstück insgesamt 15 m nicht überschreiten.

§ 7 Teilung von Grundstücken

Durch die Teilung eines Grundstücks, das bebaut oder dessen Bebauung genehmigt ist, dürfen keine Verhältnisse
geschaffen werden, die Vorschriften dieses Gesetzes oder aufgrund dieses Gesetzes widersprechen. § 67 ist
entsprechend anzuwenden.

§ 8 Nicht überbaute Flächen der bebauten Grundstücke, Kinderspielplätze

(1) Die nicht mit Gebäuden oder vergleichbaren baulichen Anlagen überbauten Flächen der bebauten Grundstücke
sind
1. wasseraufnahmefähig zu belassen oder herzustellen und
2. zu begrünen oder zu bepflanzen,
soweit dem nicht die Erfordernisse einer anderen zulässigen Verwendung der Flächen entgegenstehen. Satz 1
findet keine Anwendung, soweit Bebauungspläne oder andere Satzungen Festsetzungen zu den nicht überbauten
Flächen treffen.
(2) Bei der Errichtung von Gebäuden mit mehr als drei Wohnungen ist auf dem Baugrundstück oder in unmittelbarer
Nähe auf einem anderen geeigneten Grundstück, dessen dauerhafte Nutzung für diesen Zweck rechtlich
gesichert sein muss, ein ausreichend großer Spielplatz für Kleinkinder anzulegen. Dies gilt nicht, wenn in
unmittelbarer Nähe eine Gemeinschaftsanlage oder ein sonstiger für die Kinder nutzbarer Spielplatz geschaffen
wird oder vorhanden oder ein solcher Spielplatz wegen der Art und der Lage der Wohnung nicht erforderlich ist.
Bei bestehenden Gebäuden nach Satz 1 kann die Herstellung von Spielplätzen für Kleinkinder verlangt werden,
wenn dies die Gesundheit und der Schutz der Kinder erfordern.

Teil 3 - Bauliche Anlagen

Abschnitt 1 Gestaltung

§ 9 Gestaltung

Bauliche Anlagen müssen nach Form, Maßstab, Verhältnis der Baumassen und Bauteile zueinander, Werkstoff
und Farbe so gestaltet sein, dass sie nicht verunstaltet wirken. Bauliche Anlagen dürfen das Straßen-, Orts- und
Landschaftsbild nicht verunstalten.

§ 10 Anlagen der Außenwerbung, Warenautomaten

(1) Anlagen der Außenwerbung (Werbeanlagen) sind alle ortsfesten Einrichtungen, die der Ankündigung oder
Anpreisung oder als Hinweis auf Gewerbe oder Beruf dienen und vom öffentlichen Verkehrsraum aus sichtbar
sind. Hierzu zählen insbesondere Schilder, Beschriftungen, Bemalungen, Lichtwerbungen, Schaukästen sowie
für Zettelanschläge und Bogenanschläge oder Lichtwerbung bestimmte Säulen, Tafeln und Flächen.
(2) Für Werbeanlagen, die bauliche Anlagen sind, gelten die in diesem Gesetz an bauliche Anlagen gestellten
Anforderungen. Werbeanlagen, die keine baulichen Anlagen sind, dürfen weder bauliche Anlagen noch das
Straßen-, Orts- und Landschaftsbild verunstalten oder die Sicherheit und Leichtigkeit des Verkehrs gefährden.
Die störende Häufung von Werbeanlagen ist unzulässig.
(3) Außerhalb der im Zusammenhang bebauten Ortsteile sind Werbeanlagen unzulässig. Ausgenommen sind,
soweit in anderen Vorschriften nichts anderes bestimmt ist:
1. Werbeanlagen an der Stätte der Leistung;
2. einzelne Hinweiszeichen an Verkehrsstraßen und Wegabzweigungen, die im Interesse des Verkehrs auf
außerhalb der Ortsdurchfahrten liegende Betriebe oder versteckt liegende Stätten aufmerksam machen;
3. Schilder, die Inhaber und Art gewerblicher Betriebe kennzeichnen (Hinweisschilder), wenn sie vor Ortsdurchfahrten
auf einer Tafel zusammengefasst sind;
4. Werbeanlagen an und auf Flugplätzen, Spottanlagen und Versammlungsstätten, soweit sie nicht in die freie
Landschaft wirken, und
5. Werbeanlagen auf Ausstellungs- und Messegeländen.
(4) In Kleinsiedlungsgebieten, Dorfgebieten, reinen und allgemeinen Wohngebieten sind nur Werbeanlagen an
der Stätte der Leistung, einzelne Hinweiszeichen zu abseits liegenden Stätten der Leistung sowie Anlagen für
amtliche Mitteilungen und zur Unterrichtung der Bevölkerung über kirchliche, kulturelle, politische, sportliche
und ähnliche Veranstaltungen zulässig. Die jeweils freie Fläche dieser Anlagen darf auch

für andere Werbung
verwendet werden. Auf öffentlichen Verkehrsflächen sind auch andere Werbeanlagen in Verbindung mit baulichen
Anlagen, die dem öffentlichen Personennahverkehr dienen, zulässig, soweit diese die Eigenart des Gebietes
und das Ortsbild nicht beeinträchtigen.
(5) Die Absätze 1 bis 3 gelten für Warenautomaten entsprechend.
(6) Die Vorschriften dieses Gesetzes sind nicht anzuwenden auf
1. Anschläge und Lichtwerbung an dafür genehmigten Säulen, Tafeln und Flächen;
2. Werbemittel an Zeitungs- und Zeitschriftenverkaufsstellen;
3. Auslagen und Dekorationen in Fenstern und Schaukästen sowie
4. Wahlwerbung für die Dauer eines Wahlkampfs.

Abschnitt 2 - Allgemeine Anforderungen an die Bauausführung

§ 11 Baustelle

(1) Baustellen sind so einzurichten, dass bauliche Anlagen ordnungsgemäß errichtet, geändert oder beseitigt
werden können und Gefahren oder vermeidbare Belästigungen nicht entstehen.
(2) Bei Bauarbeiten, durch die unbeteiligte Personen gefährdet werden können, ist die Gefahrenzone abzugrenzen
oder durch Warnzeichen zu kennzeichnen. Soweit erforderlich, sind Baustellen mit einem Bauzaun
abzugrenzen, mit Schutzvorrichtungen gegen herabfallende Gegenstände zu versehen und zu beleuchten.
(3) Bei der Ausführung nicht verfahrensfreier Bauvorhaben hat der Bauherr an der Baustelle ein Schild, das die
Bezeichnung des Bauvorhabens sowie die Namen und Anschriften des Entwurfsverfassers, des Bauleiters und
der Unternehmer für den Rohbau enthalten muss, dauerhaft und von der öffentlichen Verkehrsfläche aus sichtbar
anzubringen.
(4) Bäume, Hecken und sonstige Bepflanzungen, die aufgrund anderer Rechtsvorschriften zu erhalten sind,
müssen während der Bauausführung geschützt werden.

§ 12 Standsicherheit

(1) Jede bauliche Anlage muss im Ganzen und in ihren einzelnen Teilen für sich allein standsicher sein. Die
Standsicherheit anderer baulicher Anlagen und die Tragfähigkeit des Baugrundes der Nachbargrundstücke
dürfen nicht gefährdet werden.
(2) Die Verwendung gemeinsamer Bauteile für mehrere bauliche Anlagen ist zulässig, wenn rechtlich gesichert
ist, dass die gemeinsamen Bauteile bei der Beseitigung einer der baulichen Anlagen bestehen bleiben können.

§ 13 Schutz gegen schädliche Einflüsse

(1) Bauliche Anlagen müssen so angeordnet, beschaffen und gebrauchstauglich sein, dass durch Wasser, Feuchtigkeit,
pflanzliche und tierische Schädlinge sowie andere chemische, physikalische oder biologische Einflüsse
Gefahren oder unzumutbare Belästigungen nicht entstehen. Baugrundstücke müssen für bauliche Anlagen geeignet
sein.
(2) Werden in Gebäuden Bauteile aus Holz oder anderen organischen Stoffen vom Hausbock oder vom echten
Hausschwamm befallen, haben die für den ordnungsgemäßen Zustand des Gebäudes verantwortlichen Personen
unverzüglich ein Fachunternehmen mit der Bekämpfung und Schadensbeseitigung auf Grundlage einer Sachverständigeneinschätzung
zu beauftragen und der Bauaufsichtsbehörde die Beauftragung sowie den Abschluss der Arbeiten schriftlich anzuzeigen.

§ 14 Brandschutz

Bauliche Anlagen sind so anzuordnen, zu errichten, zu ändern und instand zu halten, dass der Entstehung eines
Brandes und der Ausbreitung von Feuer und Rauch vorgebeugt wird und bei einem Brand die Rettung von
Menschen und Tieren sowie wirksame Löscharbeiten möglich sind.

§ 15 Wärme-, Schall-, Erschütterungsschutz

(1) Gebäude müssen einen ihrer Nutzung und den klimatischen Verhältnissen entsprechenden Wärmeschutz
haben.
(2) Gebäude müssen einen ihrer Nutzung entsprechenden Schallschutz haben. Geräusche, die von ortsfesten
Einrichtungen in baulichen Anlagen oder auf Baugrundstücken ausgehen, sind so zu dämmen, dass Gefahren
oder unzumutbare Belästigungen nicht entstehen.
(3) Erschütterungen oder Schwingungen, die von ortsfesten Einrichtungen in baulichen Anlagen oder auf
Baugrundstücken ausgehen, sind so zu dämmen, dass Gefahren oder unzumutbare Belästigungen nicht entstehen.

§ 16 Verkehrssicherheit

(1) Bauliche Anlagen und die dem Verkehr dienenden nicht überbauten Flächen von bebauten Grundstücken
müssen verkehrssicher sein.
(2) Die Sicherheit und Leichtigkeit des öffentlichen Verkehrs darf durch bauliche Anlagen oder deren Nutzung
nicht gefährdet werden.

Abschnitt 3 - Bauprodukte, Bauarten

§ 17 Bauprodukte

(1) Bauprodukte dürfen für die Errichtung, Änderung und Instandhaltung baulicher Anlagen nur verwendet
werden, wenn sie für den Verwendungszweck
1. von den nach Absatz 2 bekannt gemachten technischen Regeln nicht oder nicht wesentlich abweichen
(geregelte Bauprodukte) oder nach Absatz 3 zulässig sind und wenn sie aufgrund des Übereinstimmungsnachweises
nach § 22 das Übereinstimmungszeichen (Ü-Zeichen) tragen oder
2. nach den Vorschriften
a.) des Gesetzes über das Inverkehrbringen von und den freien Warenverkehr mit Bauprodukten zur
Umsetzung der Richtlinie 89/106/EWG des Rates vom 21. Dezember 1988 zur Angleichung der
Rechts- und Verwaltungsvorschriften der Mitgliedstaaten über Bauprodukte und andere Rechtsakte der
Europäischen Gemeinschaften (Bauproduktengesetz - BauPG) in der Fassung der Bekanntmachung
vom 28. April 1998 (BGBl. I S. 812), zuletzt geändert durch Artikel 4 des Gesetzes vom 15. Dezember
2001 (BGBl. I S. 3762, 3763),
b.) zur Umsetzung der Richtlinie 89/106/EWG des Rates vom 21. Dezember 1988 zur Angleichung der
Rechts- und Verwaltungsvorschriften der Mitgliedstaaten über Bauprodukte (ABl. EG Nr. L 40 S. 12),
geändert durch Artikel 4 der Richtlinie 93/68/EWG des Rates vom 22. Juli 1993 (ABl. EG Nr. L 220 S.
1, 5), in der jeweils geltenden Fassung, durch die anderen Mitgliedstaaten der Europäischen Union und
die anderen Vertragsstaaten des Abkommens über den Europäischen Wirtschaftsraum oder
c.) zur Umsetzung sonstiger Richtlinien der Europäischen Gemeinschaften, soweit diese die wesentlichen
Anforderungen nach § 5 Abs. 1 BauPG berücksichtigen, in den Verkehr gebracht und gehandelt werden
dürfen, insbesondere das Zeichen der Europäischen Gemeinschaften (CE-Kennzeichnung) tragen und
dieses Zeichen die nach Absatz 7 Nr. 1 festgelegten Klassen- und Leistungsstufen ausweist oder die
Leistung des Bauprodukts angibt.
Sonstige Bauprodukte, die von allgemein anerkannten Regeln der Technik nicht abweichen, dürfen auch verwendet
werden, wenn diese Regeln nicht in der Bauregelliste A bekannt gemacht sind. Sonstige Bauprodukte, die
von allgemein anerkannten Regeln der Technik abweichen, bedürfen keines Nachweises ihrer Verwendbarkeit
nach Absatz 3.
(2) Das Deutsche Institut für Bautechnik macht im Einvernehmen mit der obersten Bauaufsichtsbehörde für

Bauprodukte, für die nicht nur die Vorschriften nach Absatz 1 Satz 1 Nr. 2 maßgebend sind, in der Bauregelliste

A die technischen Regeln bekannt, die zur Erfüllung der in diesem Gesetz und in Vorschriften aufgrund dieses

Gesetzes an bauliche Anlagen gestellten Anforderungen erforderlich sind. Diese technischen Regeln gelten als

Technische Baubestimmungen im Sinne des § 3 Abs. 3 Satz 1.

(3) Bauprodukte, für die technische Regeln in der Bauregelliste A nach Absatz 2 bekannt gemacht worden sind

und die von diesen wesentlich abweichen oder für die es Technische Baubestimmungen oder allgemein

anerkannte Regeln der Technik nicht gibt (nicht geregelte Bauprodukte), müssen

1. eine allgemeine bauaufsichtliche Zulassung (§ 18),

2. ein allgemeines bauaufsichtliches Prüfzeugnis (§ 19) oder

3. eine Zustimmung im Einzelfall (§ 20)

haben. Ausgenommen sind Bauprodukte, die für die Erfüllung der Anforderungen dieses Gesetzes oder aufgrund

dieses Gesetzes nur eine untergeordnete Bedeutung haben und die das Deutsche Institut für Bautechnik im

Einvernehmen mit der obersten Bauaufsichtsbehörde in einer Liste C öffentlich bekannt gemacht hat.

(4) Die oberste Bauaufsichtsbehörde kann durch Rechtsverordnung vorschreiben, dass für bestimmte Bauprodukte,

auch soweit sie Anforderungen nach anderen Rechtsvorschriften unterliegen, hinsichtlich dieser Anforderungen

bestimmte Nachweise der Verwendbarkeit und bestimmte Übereinstimmungsnachweise nach Maßgabe

der §§ 17 bis 20 und der §§ 22 bis 25 zu führen sind, wenn die anderen Rechtsvorschriften diese Nachweise

verlangen oder zulassen.

(5) Bei Bauprodukten nach Absatz 1 Satz 1 Nr. 1, deren Herstellung in außergewöhnlichem Maß von der Sachkunde

und Erfahrung der damit betrauten Personen oder von einer Ausstattung mit besonderen Vorrichtungen

abhängt, kann in der allgemeinen bauaufsichtlichen Zulassung, in der Zustimmung im Einzelfall oder durch

Rechtsverordnung der obersten Bauaufsichtsbehörde vorgeschrieben werden, dass der Hersteller über solche

Fachkräfte und Vorrichtungen verfügt und den Nachweis hierüber gegenüber einer Prüfstelle nach § 25 zu erbringen

hat. In der Rechtsverordnung können Mindestanforderungen an die Ausbildung, die durch Prüfung nachzuweisende

Befähigung und die Ausbildungsstätten einschließlich der Anerkennungsvoraussetzungen gestellt

werden.

(6) Für Bauprodukte, die wegen ihrer besonderen Eigenschaften oder ihres besonderen Verwendungszwecks

einer außergewöhnlichen Sorgfalt bei Einbau, Transport, Instandhaltung oder Reinigung bedürfen, kann in der

allgemeinen bauaufsichtlichen Zulassung, in der Zustimmung im Einzelfall oder durch

Rechtsverordnung der
obersten Bauaufsichtsbehörde die Überwachung dieser Tätigkeiten durch eine
Überwachungsstelle nach § 25
vorgeschrieben werden.
(7) Das Deutsche Institut für Bautechnik kann im Einvernehmen mit der obersten
Bauaufsichtsbehörde in der
Bauregelliste B
1. festlegen, welche der Klassen und Leistungsstufen, die in Normen, Leitlinien oder
europäischen technischen
Zulassungen nach dem Bauproduktengesetz oder in anderen Vorschriften zur Umsetzung
von Richtlinien
der Europäischen Gemeinschaften enthalten sind, Bauprodukte nach Absatz 1 Satz I Nr. 2
erfüllen müssen,
und
2. bekannt machen, inwieweit andere Vorschriften zur Umsetzung von Richtlinien der
Europäischen Gemeinschaften
die wesentlichen Anforderungen nach § 5 Abs. 1 BauPG nicht berücksichtigen.

§ 18 Allgemeine bauaufsichtliche Zulassung

(1) Das Deutsche Institut für Bautechnik erteilt eine allgemeine bauaufsichtliche Zulassung
für nicht geregelte
Bauprodukte, wenn deren Verwendbarkeit im Sinne des § 3 Abs. 2 nachgewiesen ist.
(2) Die zur Begründung des Antrags erforderlichen Unterlagen sind beizufügen. Soweit
erforderlich, sind
Probestücke vom Antragsteller zur Verfügung zu stellen oder durch Sachverständige, die
das Deutsche Institut
für Bautechnik bestimmen kann, zu entnehmen oder Probeausführungen unter Aufsicht
der Sachverständigen
herzustellen. § 69 Abs. 2 gilt entsprechend.
(3) Das Deutsche Institut für Bautechnik kann für die Durchführung der Prüfung die
sachverständige Stelle und
für Probeausführungen die Ausführungsstelle und Ausführungszeit vorschreiben.
(4) Die allgemeine bauaufsichtliche Zulassung wird widerruflich und für eine bestimmte
Frist erteilt, die in der
Regel fünf Jahre beträgt. Die Zulassung kann mit Nebenbestimmungen erteilt werden. Sie
kann auf schriftlichen
Antrag in der Regel um fünf Jahre verlängert werden. § 73 Abs. 2 Satz 2 gilt entsprechend.
(5) Die Zulassung wird unbeschadet der privaten Rechte Dritter erteilt.
(6) Das Deutsche Institut für Bautechnik macht die von ihm erteilten allgemeinen
bauaufsichtlichen Zulassungen
nach Gegenstand und wesentlichem Inhalt öffentlich bekannt.
(7) Allgemeine bauaufsichtliche Zulassungen nach dem Recht anderer Länder gelten auch
im Freistaat Sachsen.

§ 19 Allgemeines bauaufsichtliches Prüfzeugnis

(1) Bauprodukte,
1. deren Verwendung nicht der Erfüllung erheblicher Anforderungen an die Sicherheit
baulicher Anlagen

dient, oder
2. die nach allgemein anerkannten Prüfverfahren beurteilt werden,
bedürfen anstelle einer allgemeinen bauaufsichtlichen Zulassung nur eines allgemeinen bauaufsichtlichen
Prüfzeugnisses. Das Deutsche Institut für Bautechnik macht dies mit der Angabe der maßgebenden technischen
Regeln und, soweit es keine allgemein anerkannten Regeln der Technik gibt, mit der Bezeichnung der
Bauprodukte im Einvernehmen mit der obersten Bauaufsichtsbehörde in der Bauregelliste A bekannt.
(2) Ein allgemeines bauaufsichtliches Prüfzeugnis wird von einer Prüfstelle nach § 25 Abs. 1 Satz 1 Nr. 1 für
nicht geregelte Bauprodukte nach Absatz 1 erteilt, wenn deren Verwendbarkeit im Sinne des § 3 Abs. 2
nachgewiesen ist. § 18 Abs. 2 bis 7 gilt entsprechend.

§ 20 Nachweis der Verwendbarkeit von Bauprodukten im Einzelfall

Mit Zustimmung der obersten Bauaufsichtsbehörde dürfen im Einzelfall
1. Bauprodukte, die ausschließlich nach dem Bauproduktengesetz in Verkehr gebracht und gehandelt werden
dürfen, dessen Anforderungen jedoch nicht erfüllen,
2. Bauprodukte, die nach sonstigen Vorschriften zur Umsetzung von Richtlinien der Europäischen Union oder
auf der Grundlage von unmittelbar geltendem Recht der Europäischen Union in Verkehr gebracht und
gehandelt werden dürfen, hinsichtlich der nicht berücksichtigten wesentlichen Anforderungen im Sinne des
§ 17 Abs. 7 Nr. 2,
3. nicht geregelte Bauprodukte
verwendet werden, wenn ihre Verwendbarkeit im Sinne des § 3 Abs. 2 nachgewiesen ist. Wenn Gefahren im
Sinne des § 3 Abs. 1 nicht zu erwarten sind, kann die oberste Bauaufsichtsbehörde im Einzelfall erklären, dass
ihre Zustimmung nicht erforderlich ist.
(2) Die Zustimmung für Bauprodukte nach Absatz 1, die in Baudenkmälern nach dem Gesetz zum Schutz und
zur Pflege der Kulturdenkmale im Freistaat Sachsen (Sächsisches Denkmalschutzgesetz - SächsDSchG) vom 3.
März 1993 (SächsGVBl. S. 229), zuletzt geändert durch Artikel 4 des Gesetzes vom 14. November 2002
(SächsGVBl. S. 307, 310), in der jeweils geltenden Fassung, verwendet werden sollen, erteilt die untere Bauaufsichtsbehörde.

§ 21 Bauarten

(1) Bauarten, die von Technischen Baubestimmungen wesentlich abweichen oder für die es allgemein
anerkannte Regeln der Technik nicht gibt, dürfen bei der Errichtung, Änderung und Instandhaltung baulicher

Anlagen nur angewendet werden, wenn für sie
1. eine allgemeine bauaufsichtliche Zulassung (§ 18) oder
2. eine Zustimmung im Einzelfall (§ 20)
erteilt worden ist. Anstelle einer allgemeinen bauaufsichtlichen Zulassung genügt ein allgemeines bauaufsichtliches
Prüfzeugnis, wenn die Bauart nicht der Erfüllung erheblicher Anforderungen an die Sicherheit baulicher
Anlagen dient oder nach allgemein anerkannten Prüfverfahren beurteilt wird. Das Deutsche Institut für Bautechnik
macht diese Bauarten mit der Angabe der maßgebenden technischen Regeln und, soweit es keine allgemein
anerkannten Regeln der Technik gibt, mit der Bezeichnung der Bauarten im Einvernehmen mit der
obersten Bauaufsichtsbehörde in der Bauregelliste A bekannt. § 17 Abs. 5 und 6 sowie §§ 18, 19 Abs. 2 und § 20
gelten entsprechend. Wenn Gefahren im Sinne des § 3 Abs. 1 nicht zu erwarten sind, kann die oberste Bauaufsichtsbehörde
im Einzelfall oder für genau begrenzte Fälle allgemein festlegen, dass eine allgemeine bauaufsichtliche
Zulassung, ein allgemeines bauaufsichtliches Prüfzeugnis oder eine Zustimmung im Einzelfall nicht
erforderlich ist.
(2) Die oberste Bauaufsichtsbehörde kann durch Rechtsverordnung vorschreiben, dass für bestimmte Bauarten,
auch soweit sie Anforderungen nach anderen Rechtsvorschriften unterliegen, Absatz 1 ganz oder teilweise
anwendbar ist, wenn die anderen Rechtsvorschriften dies verlangen oder zulassen.

§ 22 Übereinstimmungsnachweis
(1) Bauprodukte bedürfen einer Bestätigung ihrer Übereinstimmung mit den technischen Regeln nach § 17 Abs.
2, den allgemeinen bauaufsichtlichen Zulassungen, den allgemeinen bauaufsichtlichen Prüfzeugnissen oder den
Zustimmungen im Einzelfall. Als Übereinstimmung gilt auch eine Abweichung, die nicht wesentlich ist.
(2) Die Bestätigung der Übereinstimmung erfolgt durch
1. Übereinstimmungserklärung des Herstellers (§ 23) oder
2. Übereinstimmungszertifikat (§ 24).
Die Bestätigung durch Übereinstimmungszertifikat kann in der allgemeinen bauaufsichtlichen Zulassung, in der
Zustimmung im Einzelfall oder in der Bauregelliste A vorgeschrieben werden, wenn dies zum Nachweis einer
ordnungsgemäßen Herstellung erforderlich ist. Bauprodukte, die nicht in Serie hergestellt werden, bedürfen nur
der Übereinstimmungserklärung des Herstellers nach § 23 Abs. 1, sofern nichts anderes bestimmt ist.
Die oberste Bauaufsichtsbehörde kann im Einzelfall die Verwendung von Bauprodukten ohne das erforderliche
Übereinstimmungszertifikat gestatten, wenn nachgewiesen ist, dass diese Bauprodukte den technischen Regeln,

Zulassungen, Prüfzeugnissen oder Zustimmungen nach Absatz 1 entsprechen.

(3) Für Bauarten gelten die Absätze 1 und 2 entsprechend.

(4) Die Übereinstimmungserklärung und die Erklärung, dass ein Übereinstimmungszertifikat erteilt ist, hat der Hersteller durch Kennzeichnung der Bauprodukte mit dem Übereinstimmungszeichen (Ü-Zeichen) unter Hinweis auf den Verwendungszweck abzugeben.

(5) Das Ü-Zeichen ist auf dem Bauprodukt, auf einem Beipackzettel oder auf seiner Verpackung oder, wenn dies Schwierigkeiten bereitet, auf dem Lieferschein oder auf einer Anlage zum Lieferschein anzubringen.

(6) Ü-Zeichen aus anderen Ländern und aus anderen Staaten gelten auch im Freistaat Sachsen.

§ 23 Übereinstimmungserklärung des Herstellers

(1) Der Hersteller darf eine Übereinstimmungserklärung nur abgeben, wenn er durch werkseigene Produktionskontrolle sichergestellt hat, dass das von ihm hergestellte Bauprodukt den maßgebenden technischen Regeln, der allgemeinen bauaufsichtlichen Zulassung, dem allgemeinen bauaufsichtlichen Prüfzeugnis oder der Zustimmung im Einzelfall entspricht.

(2) In den technischen Regeln nach § 17 Abs. 2, in der Bauregelliste A, in den allgemeinen bauaufsichtlichen Zulassungen, in den allgemeinen bauaufsichtlichen Prüfzeugnissen oder in den Zustimmungen im Einzelfall kann eine Prüfung der Bauprodukte durch eine Prüfstelle vor Abgabe der Übereinstimmungserklärung vorgeschrieben werden, wenn dies zur Sicherung einer ordnungsgemäßen Herstellung erforderlich ist. In diesen Fällen hat die Prüfstelle das Bauprodukt daraufhin zu überprüfen, ob es den maßgebenden technischen Regeln, der allgemeinen bauaufsichtlichen Zulassung, dem allgemeinen bauaufsichtlichen Prüfzeugnis oder der Zustimmung im Einzelfall entspricht.

§ 24 Übereinstimmungszertifikat

(1) Ein Übereinstimmungszertifikat ist von einer Zertifizierungsstelle nach § 25 zu erteilen, wenn das Bauprodukt
1. den maßgebenden technischen Regeln, der allgemeinen bauaufsichtlichen Zulassung, dem allgemeinen bauaufsichtlichen Prüfzeugnis oder der Zustimmung im Einzelfall entspricht und
2. einer werkseigenen Produktionskontrolle sowie einer Fremdüberwachung nach Maßgabe des Absatzes 2 unterliegt.

(2) Die Fremdüberwachung ist von Überwachungsstellen nach § 25 durchzuführen. Die Fremdüberwachung hat

18

regelmäßig zu überprüfen, ob das Bauprodukt den maßgebenden technischen Regeln, der allgemeinen bauaufsichtlichen
Zulassung, dem allgemeinen bauaufsichtlichen Prüfzeugnis oder der Zustimmung im Einzelfall
entspricht.

§ 25 Prüf-, Zertifizierungs-, Überwachungsstellen

(1) Die oberste Bauaufsichtsbehörde kann eine natürliche oder juristische Person als
1. Prüfstelle für die Erteilung allgemeiner bauaufsichtlicher Prüfzeugnisse (§ 19 Abs. 2),
2. Prüfstelle für die Überprüfung von Bauprodukten vor Bestätigung der Übereinstimmung (§ 23 Abs. 2),
3. Zertifizierungsstelle (§ 24 Abs. 1),
4. Überwachungsstelle für die Fremdüberwachung (§ 24 Abs. 2),
5. Überwachungsstelle für die Überwachung nach § 17 Abs. 6 oder
6. Prüfstelle für die Überprüfung nach § 17 Abs. 5
anerkennen, wenn sie oder die bei ihr Beschäftigten nach ihrer Ausbildung, Fachkenntnis, persönlichen Zuverlässigkeit,
ihrer Unparteilichkeit und ihren Leistungen die Gewähr dafür bieten, dass diese Aufgaben den öffentlich-
rechtlichen Vorschriften entsprechend wahrgenommen werden, und wenn sie über die erforderlichen Vorrichtungen
verfügen. Satz 1 ist entsprechend auf Behörden anzuwenden, wenn sie ausreichend mit geeigneten
Fachkräften besetzt und mit den erforderlichen Vorrichtungen ausgestattet sind.
(2) Die Anerkennung von Prüf-, Zertifizierungs- und Überwachungsstellen anderer Länder gilt auch im Freistaat
Sachsen. Prüf-, Zertifzierungs- und Überwachungsergebnisse von Stellen, die nach Artikel 16 Abs. 2 der
Richtlinie 89/106/EWG von einem anderen Mitgliedstaat der Europäischen Union oder von einem anderen
Vertragsstaat des Abkommens über den Europäischen Wirtschaftsraum anerkannt worden sind, stehen den
Ergebnissen der in Absatz 1 genannten Stellen gleich. Dies gilt auch für Prüf-, Zertifizierungs- und Überwachungsergebnisse
von Stellen anderer Staaten, wenn sie in einem Artikel 16 Abs. 2 der Richtlinie 89/106/EWG
entsprechenden Verfahren anerkannt worden sind.
(3) Die oberste Bauaufsichtsbehörde erkennt auf Antrag eine natürliche oder juristische Person oder Behörde als
Stelle nach Artikel 16 Abs. 2 der Richtlinie 89/106/EWG an, wenn in dem in Artikel 16 Abs. 2 der Richtlinie
89/106/EWG vorgesehenen Verfahren nachgewiesen ist, dass die natürliche oder juristische Person oder Behörde
die Voraussetzungen erfüllt, nach den Vorschriften eines anderen Mitgliedstaates der Europäischen Union
oder eines anderen Vertragsstaates des Abkommens über den Europäischen Wirtschaftsraum zu prüfen, zu zertifizieren
oder zu überwachen. Dies gilt auch für die Anerkennung von natürlichen oder juristischen Personen oder

Behörden, die nach den Vorschriften eines anderen Staates zu prüfen, zu zertifizieren oder zu überwachen beabsichtigen,
wenn der erforderliche Nachweis in einem Artikel 16 Abs. 2 der Richtlinie 89/106/EWG entsprechenden
Verfahren geführt wird.

Abschnitt 4 - Wände, Decken, Dächer

§ 26 Allgemeine Anforderungen an das Brandverhalten von Baustoffen und Bauteilen

(1) Baustoffe werden nach den Anforderungen an ihr Brandverhalten unterschieden in
1. nichtbrennbare,
2. schwerentflammbare und
3. normalentflammbare.
Baustoffe, die nicht mindestens normalentflammbar sind (leichtentflammbare Baustoffe) dürfen nicht verwendet
werden. Dies gilt nicht, wenn sie in Verbindung mit anderen Baustoffen nicht leichtentflammbar sind.
(2) Bauteile werden nach den Anforderungen an ihre Feuerwiderstandsfähigkeit unterschieden in
1. feuerbeständige,
2. hochfeuerhemmende und
3. feuerhemmende.
Die Feuerwiderstandsfähigkeit bezieht sich bei tragenden und aussteifenden Bauteilen auf deren Standsicherheit
im Brandfall und bei raumabschließenden Bauteilen auf deren Widerstand gegen die Brandausbreitung. Bauteile
werden zusätzlich nach dem Brandverhalten ihrer Baustoffe unterschieden in
1. Bauteile aus nichtbrennbaren Baustoffen;
2. Bauteile, deren tragende und aussteifende Teile aus nichtbrennbaren Baustoffen bestehen und die bei
raumabschließenden Bauteilen zusätzlich eine in Bauteilebene durchgehende Schicht aus nichtbrennbaren
Baustoffen haben;
3. Bauteile, deren tragende und aussteifende Teile aus brennbaren Baustoffen bestehen und die allseitig eine
brandschutztechnisch wirksame Bekleidung aus nichtbrennbaren Baustoffen (Brandschutzbekleidung) und
Dämmstoffe aus nichtbrennbaren Baustoffen haben, sowie
4. Bauteile aus brennbaren Baustoffen.
Soweit in diesem Gesetz oder in Vorschriften aufgrund dieses Gesetzes nichts anderes bestimmt ist, müssen
1. Bauteile, die feuerbeständig sein müssen, mindestens den Anforderungen des Satzes 3 Nr. 2 und
2. Bauteile, die hochfeuerhemmend sein müssen, mindestens den Anforderungen des Satzes 3 Nr. 3
entsprechen.

§ 27 Tragende Wände, Stützen

(1) Tragende und aussteifende Wände und Stützen müssen im Brandfall ausreichend lang standsicher sein. Sie müssen

1. in Gebäuden der Gebäudeklasse 5 feuerbeständig,
2. in Gebäuden der Gebäudeklasse 4 hochfeuerhemmend und
3. in Gebäuden der Gebäudeklassen 2 und 3 feuerhemmend

sein.
Satz 2 gilt

1. für Geschosse im Dachraum nur, wenn darüber noch Aufenthaltsräume möglich sind; § 29 Abs. 4 bleibt unberührt;
2. nicht für Balkone, ausgenommen offene Gänge, die als notwendige Flure dienen.

(2) Im Kellergeschoss müssen tragende und aussteifende Wände und Stützen

1. in Gebäuden der Gebäudeklassen 3 bis 5 feuerbeständig und
2. in Gebäuden der Gebäudeklassen 1 und 2 feuerhemmend sein.

§ 28 Außenwände

(1) Außenwände und Außenwandteile wie Brüstungen und Schürzen sind so auszubilden, dass eine Brandausbreitung auf und in diesen Bauteilen ausreichend lang begrenzt ist.

(2) Nichttragende Außenwände und nichttragende Teile tragender Außenwände müssen aus nichtbrennbaren Baustoffen bestehen. Sie sind aus brennbaren Baustoffen zulässig, wenn sie als raumabschließende Bauteile feuerhemmend sind. Satz 1 gilt nicht für brennbare Fensterprofile und Fugendichtungen sowie brennbare Dämmstoffe in nichtbrennbaren geschlossenen Profilen der Außenwandkonstruktion.

(3) Oberflächen von Außenwänden sowie Außenwandbekleidungen müssen einschließlich der Dämmstoffe und Unterkonstruktionen schwerentflammbar sein. Unterkonstruktionen aus normalentflammbaren Baustoffen sind zulässig, wenn die Anforderungen nach Absatz 1 erfüllt sind. Balkonbekleidungen, die über die erforderliche Umwehrungshöhe hinaus hochgeführt werden, müssen schwerentflammbar sein.

(4) Bei Außenwandkonstruktionen mit geschossübergreifenden Hohl- oder Lufträumen wie Doppelfassaden und hinterlüfteten Außenwandbekleidungen sind gegen die Brandausbreitung besondere Vorkehrungen zu treffen.

(5) Die Absätze 2 und 3 gelten nicht für Gebäude der Gebäudeklassen 1 bis 3.

§ 29 Trennwände

(1) Trennwände nach Absatz 2 müssen als raumabschließende Bauteile von Räumen oder Nutzungseinheiten innerhalb von Geschossen ausreichend lang widerstandsfähig gegen die Brandausbreitung sein.

(2) Trennwände sind erforderlich

1. zwischen Nutzungseinheiten sowie zwischen Nutzungseinheiten und anders genutzten

Räumen, ausgenommen
notwendigen Fluren;
2. zum Abschluss von Räumen mit Explosions- oder erhöhter Brandgefahr und
3. zwischen Aufenthaltsräumen und anders genutzten Räumen im Kellergeschoss.
(3) Trennwände nach Absatz 2 Nr. 1 und 3 müssen die Feuerwiderstandsfähigkeit der tragenden und aussteifenden
Bauteile des Geschosses haben, jedoch mindestens feuerhemmend sein. Trennwände nach Absatz 2 Nr. 2
müssen feuerbeständig sein.
(4) Die Trennwände nach Absatz 2 sind bis zur Rohdecke, im Dachraum bis unter die Dachhaut zu führen.
Werden in Dachräumen Trennwände nur bis zur Rohdecke geführt, ist diese Decke als raumabschließendes
Bauteil einschließlich der sie tragenden und aussteifenden Bauteile feuerhemmend herzustellen.
(5) Öffnungen in Trennwänden nach Absatz 2 sind nur zulässig, wenn sie auf die für die Nutzung erforderliche
Zahl und Größe beschränkt sind. Sie müssen feuerhemmende, dicht- und selbstschließende Abschlüsse haben.
(6) Die Absätze 1 bis 5 gelten nicht für Wohngebäude der Gebäudeklassen 1 und 2.

§ 30 Brandwände

(1) Brandwände müssen als raumabschließende Bauteile zum Abschluss von Gebäuden (Gebäudeabschlusswand)
oder zur Unterteilung von Gebäuden in Brandabschnitte (innere Brandwand) ausreichend lang die
Brandausbreitung auf andere Gebäude oder Brandabschnitte verhindern.
(2) Brandwände sind erforderlich
1. als Gebäudeabschlusswand, ausgenommen von Gebäuden ohne Aufenthaltsräume und ohne Feuerstätten mit
nicht mehr als 50 m³ Brutto-Rauminhalt, wenn diese Abschlusswände an oder mit einem Abstand bis zu
2,50 m gegenüber der Grundstücksgrenze errichtet werden, es sei denn, dass ein Abstand von mindestens
5 m zu bestehenden oder nach den baurechtlichen Vorschriften zulässigen künftigen Gebäuden gesichert ist;
2. als innere Brandwand zur Unterteilung ausgedehnter Gebäude in Abständen von nicht mehr als 40 m;
3. als innere Brandwand zur Unterteilung landwirtschaftlich genutzter Gebäude in Brandabschnitte von nicht
mehr als 10 000 m³ Brutto-Rauminhalt und
4. als Gebäudeabschlusswand zwischen Wohngebäuden und angebauten landwirtschaftlich genutzten Gebäuden
sowie als innere Brandwand zwischen dem Wohnteil und dem landwirtschaftlich genutzten Teil eines
Gebäudes.
(3) Brandwände müssen auch unter zusätzlicher mechanischer Beanspruchung feuerbeständig sein und aus
nichtbrennbaren Baustoffen bestehen. Anstelle von Brandwänden nach Satz 1 sind

zulässig

1. für Gebäude der Gebäudeklasse 4 Wände, die auch unter zusätzlicher mechanischer Beanspruchung
hochfeuerhemmend sind;
2. für Gebäude der Gebäudeklassen 1 bis 3 hochfeuerhemmende Wände;
3. für Gebäude der Gebäudeklassen 1 bis 3 Gebäudeabschlusswände, die jeweils von innen nach außen die
Feuerwiderstandsfähigkeit der tragenden und aussteifenden Teile des Gebäudes, mindestens jedoch feuerhemmende
Bauteile, und von außen nach innen die Feuerwiderstandsfähigkeit feuerbeständiger Bauteile
haben, und
4. in den Fällen des Absatzes 2 Nr. 4 feuerbeständige Wände, wenn der umbaute Raum des landwirtschaftlich
genutzten Gebäudes oder Gebäudeteils nicht größer als 2 000 m³ ist.
(4) Brandwände müssen bis zur Bedachung durchgehen und in allen Geschossen übereinander angeordnet sein.
Abweichend davon dürfen anstelle innerer Brandwände Wände geschossweise versetzt angeordnet werden,
wenn
1. die Wände im Übrigen Absatz 3 Satz 1 entsprechen;
2. die Decken, soweit sie in Verbindung mit diesen Wänden stehen, feuerbeständig sind, aus nichtbrennbaren
Baustoffen bestehen und keine Öffnungen haben;
3. die Bauteile, die diese Wände und Decken unterstützen, feuerbeständig sind und aus nichtbrennbaren Baustoffen
bestehen;
4. die Außenwände in der Breite des Versatzes in dem Geschoss oberhalb oder unterhalb des Versatzes feuerbeständig
sind und
5. Öffnungen in den Außenwänden im Bereich des Versatzes so angeordnet oder andere Vorkehrungen so
getroffen sind, dass eine Brandausbreitung in andere Brandabschnitte nicht zu befürchten ist.
(5) Brandwände sind 0,30 m über die Bedachung zu führen oder in Höhe der Dachhaut mit einer beiderseits
0,50 m auskragenden feuerbeständigen Platte aus nichtbrennbaren Baustoffen abzuschließen. Darüber dürfen
brennbare Teile des Daches nicht hinweggeführt werden. Bei Gebäuden der Gebäudeklassen 1 bis 3 sind
Brandwände mindestens bis unter die Dachhaut zu führen. Verbleibende Hohlräume sind vollständig mit
nichtbrennbaren Baustoffen auszufüllen.
(6) Müssen Gebäude oder Gebäudeteile, die über Eck zusammenstoßen, durch eine Brandwand getrennt werden,
muss der Abstand dieser Wand von der inneren Ecke mindestens 5 m betragen. Das gilt nicht, wenn der Winkel
der inneren Ecke mehr als 120 Grad beträgt oder mindestens eine Außenwand auf 5 m Länge als öffnungslose
feuerbeständige Wand aus nichtbrennbaren Baustoffen ausgebildet ist.

23

(7) Bauteile mit brennbaren Baustoffen dürfen über Brandwände nicht hinweggeführt werden. Außenwandkonstruktionen,
die eine seitliche Brandausbreitung begünstigen können, wie Doppelfassaden oder hinterlüftete
Außenwandbekleidungen, dürfen ohne besondere Vorkehrungen über Brandwände nicht hinweggeführt werden.
Bauteile dürfen in Brandwände nur soweit eingreifen, dass deren Feuerwiderstandsfähigkeit nicht beeinträchtigt
wird; für Leitungen, Leitungsschlitze und Schornsteine gilt dies entsprechend.
(8) Öffnungen in Brandwänden sind unzulässig. Sie sind in inneren Brandwänden nur zulässig, wenn sie auf die
für die Nutzung erforderliche Zahl und Größe beschränkt sind. Die Öffnungen müssen feuerbeständige, dichtund
selbstschließende Abschlüsse haben.
(9) In inneren Brandwänden sind feuerbeständige Verglasungen nur zulässig, wenn sie auf die für die Nutzung
erforderliche Zahl und Größe beschränkt sind.
(10) Absatz 2 Nr. 1 gilt nicht für seitliche Wände von Vorbauten im Sinne des § 6 Abs. 6, wenn sie von dem
Nachbargebäude oder der Nachbargrenze einen Abstand einhalten, der ihrer eigenen Ausladung entspricht,
mindestens jedoch 1 m beträgt.
(11) Die Absätze 4 bis 10 gelten entsprechend auch für Wände, die nach Absatz 3 Satz 2 anstelle von
Brandwänden zulässig sind.

§ 31 Decken

(1) Decken müssen als tragende und raumabschließende Bauteile zwischen Geschossen im Brandfall
ausreichend lang standsicher und widerstandsfähig gegen die Brandausbreitung sein. Sie müssen
1. in Gebäuden der Gebäudeklasse 5 feuerbeständig,
2. in Gebäuden der Gebäudeklasse 4 hochfeuerhemmend und
3. in Gebäuden der Gebäudeklassen 2 und 3 feuerhemmend
sein.
Satz 2 gilt
1. für Geschosse im Dachraum nur, wenn darüber Aufenthaltsräume möglich sind; § 29 Abs. 4 bleibt
unberührt,
2. nicht für Balkone, ausgenommen offene Gänge, die als notwendige Flure dienen.
(2) Im Kellergeschoss müssen Decken
1. in Gebäuden der Gebäudeklassen 3 bis 5 feuerbeständig und
2. in Gebäuden der Gebäudeklassen 1 und 2 feuerhemmend
sein.
Decken müssen feuerbeständig sein
1. unter und über Räumen mit Explosions- oder erhöhter Brandgefahr, ausgenommen in Wohngebäuden der
Gebäudeklassen 1 und 2, und
2. zwischen dem landwirtschaftlich genutzten Teil und dem Wohnteil eines Gebäudes.

(3) Der Anschluss der Decken an die Außenwand ist so herzustellen, dass er den Anforderungen aus Absatz 1
Satz 1 genügt.
(4) Öffnungen in Decken, für die eine Feuerwiderstandsfähigkeit vorgeschrieben ist, sind nur zulässig
1. in Gebäuden der Gebäudeklassen 1 und 2,
2. innerhalb derselben Nutzungseinheit mit nicht mehr als insgesamt 400 m² in nicht mehr als zwei Geschossen
und
3. im Übrigen, wenn sie auf die für die Nutzung erforderliche Zahl und Größe beschränkt sind und Abschlüsse
mit der Feuerwiderstandsfähigkeit der Decke haben.

§ 32 Dächer

(1) Bedachungen müssen gegen eine Brandbeanspruchung von außen durch Flugfeuer und strahlende Wärme
ausreichend lang widerstandsfähig sein (harte Bedachung).
(2) Bedachungen, die die Anforderungen nach Absatz 1 nicht erfüllen, sind zulässig bei Gebäuden der
Gebäudeklassen 1 bis 3, wenn die Gebäude
1. einen Abstand von der Grundstücksgrenze von mindestens 12 m,
2. von Gebäuden auf demselben Grundstück mit harter Bedachung einen Abstand von mindestens 15 m,
3. von Gebäuden auf demselben Grundstück mit Bedachungen, die die Anforderungen nach Absatz 1 nicht
erfüllen, einen Abstand von mindestens 24 m,
4. von Gebäuden auf demselben Grundstück ohne Aufenthaltsräume und ohne Feuerstätten mit nicht mehr als
50 m³ Brutto-Rauminhalt einen Abstand von mindestens 5 m
einhalten. Soweit Gebäude nach Satz 1 Abstand halten müssen, genügt bei Wohngebäuden der Gebäudeklassen
1 und 2 in den Fällen
1. der Nummer 1 ein Abstand von mindestens 6 m,
2. der Nummer 2 ein Abstand von mindestens 9 m,
3. der Nummer 3 ein Abstand von mindestens 12 m.
(3) Die Absätze 1 und 2 gelten nicht für
1. Gebäude ohne Aufenthaltsräume und ohne Feuerstätten mit nicht mehr als 50 m² Brutto-Rauminhalt,
2. lichtdurchlässige Bedachungen aus nichtbrennbaren Baustoffen; brennbare Fugendichtungen und brennbare
Dämmstoffe in nichtbrennbaren Profilen sind zulässig,
3. Lichtkuppeln und Oberlichte von Wohngebäuden,
4. Eingangsüberdachungen und Vordächer aus nichtbrennbaren Baustoffen und
5. Eingangsüberdachungen aus brennbaren Baustoffen, wenn die Eingänge nur zu Wohnungen führen.
(4) Abweichend von den Absätzen 1 und 2 sind
1. lichtdurchlässige Teilflächen aus brennbaren Baustoffen in Bedachungen nach Absatz 1 und
2. begrünte Bedachungen

zulässig, wenn eine Brandentstehung bei einer Brandbeanspruchung von außen durch Flugfeuer und strahlende
Wärme nicht zu befürchten ist oder Vorkehrungen hiergegen getroffen werden.
(5) Dachüberstände, Dachgesimse und Dachaufbauten, lichtdurchlässige Bedachungen, Lichtkuppeln und Oberlichte
sind so anzuordnen und herzustellen, dass Feuer nicht auf andere Gebäudeteile und Nachbargrund-stücke
übertragen werden kann. Von Brandwänden und von Wänden, die anstelle von Brandwänden zulässig sind,
müssen mindestens 1,25 m entfernt sein
1. Oberlichte, Lichtkuppeln und Öffnungen in der Bedachung, wenn diese Wände nicht mindestens 0,30 m
über die Bedachung geführt sind, und
2. Dachgauben und ähnliche Dachaufbauten aus brennbaren Baustoffen, wenn sie nicht durch diese Wände
gegen Brandübertragung geschützt sind.
(6) Dächer von traufseitig aneinander gebauten Gebäuden müssen als raumabschließende Bauteile für eine
Brandbeanspruchung von innen nach außen einschließlich der sie tragenden und aussteifenden Bauteile feuerhemmend
sein. Öffnungen in diesen Dachflächen müssen waagerecht gemessen mindestens 2 m von der Brandwand
oder der Wand, die anstelle der Brandwand zulässig ist, entfernt sein.
(7) Dächer von Anbauten, die an Außenwände mit Öffnungen oder ohne Feuerwiderstandsfähigkeit anschließen,
müssen innerhalb eines Abstands von 5 m von diesen Wänden als raumabschließende Bauteile für eine Brandbeanspruchung
von innen nach außen einschließlich der sie tragenden und aussteifenden Bauteile die Feuerwiderstandsfähigkeit der Decken des Gebäudeteils haben, an den sie angebaut werden. Dies gilt nicht für
Anbauten an Wohngebäude der Gebäudeklassen 1 bis 3.
(8) Dächer an Verkehrsflächen und über Eingängen müssen Vorrichtungen zum Schutz gegen das Herabfallen
von Schnee und Eis haben, wenn dies die Verkehrssicherheit erfordert.
(9) Für vom Dach aus vorzunehmende Arbeiten sind sicher benutzbare Vorrichtungen anzubringen.

Abschnitt 5 - Rettungswege, Öffnungen, Umwehrungen

§ 33 Erster und zweiter Rettungsweg

(1) Für Nutzungseinheiten mit mindestens einem Aufenthaltsraum wie Wohnungen, Praxen, selbstständige
Betriebsstätten müssen in jedem Geschoss mindestens zwei voneinander unabhängige Rettungswege ins Freie
vorhanden sein. Beide Rettungswege dürfen jedoch innerhalb des Geschosses über denselben notwendigen Flur
führen.
(2) Für Nutzungseinheiten nach Absatz 1, die nicht zu ebener Erde liegen, muss der erste Rettungsweg über eine

notwendige Treppe führen. Der zweite Rettungsweg kann eine weitere notwendige Treppe oder eine mit
Rettungsgeräten der Feuerwehr erreichbare Stelle der Nutzungseinheit sein. Ein zweiter Rettungsweg ist nicht
erforderlich, wenn die Rettung über einen sicher erreichbaren Treppenraum möglich ist, in den Feuer und Rauch
nicht eindringen können (Sicherheitstreppenraum).
(3) Gebäude, deren zweiter Rettungsweg über Rettungsgeräte der Feuerwehr führt und bei denen die Oberkante
der Brüstung von zum Anleitern bestimmten Fenstern oder Stellen mehr als 8 m über der Geländeoberfläche
liegt, dürfen nur errichtet werden, wenn die Feuerwehr über die erforderlichen Rettungsgeräte wie Hubrettungsfahrzeuge
verfügt. Der zweite Rettungsweg über Rettungsgeräte der Feuerwehr ist nur zulässig, wenn keine Bedenken
wegen der Personenrettung bestehen.

§ 34 Treppen

(1) Jedes nicht zu ebener Erde liegende Geschoss und der benutzbare Dachraum eines Gebäudes müssen über
mindestens eine Treppe zugänglich sein (notwendige Treppe). Statt notwendiger Treppen sind Rampen mit
flacher Neigung zulässig.
(2) Einschiebbare Treppen und Rolltreppen sind als notwendige Treppen unzulässig. In Gebäuden der Gebäudeklassen
1 und 2 sind einschiebbare Treppen und Leitern als Zugang zu einem Dachraum ohne Aufenthaltsraum
zulässig.
(3) Notwendige Treppen sind in einem Zuge zu allen angeschlossenen Geschossen zu führen. Sie müssen mit
den Treppen zum Dachraum unmittelbar verbunden sein. Dies gilt nicht für Treppen
1. in Gebäuden der Gebäudeklassen 1 bis 3,
2. nach § 35 Abs. 1 Satz 3 Nr. 2.
(4) Die tragenden Teile notwendiger Treppen müssen
1. in Gebäuden der Gebäudeklasse 5 feuerhemmend und aus nichtbrennbaren Baustoffen,
2. in Gebäuden der Gebäudeklasse 4 aus nichtbrennbaren Baustoffen und
3. in Gebäuden der Gebäudeklasse 3 aus nichtbrennbaren Baustoffen oder feuerhemmend
sein. Tragende Teile von Außentreppen nach § 35 Abs. 1 Satz 3 Nr. 3 für Gebäude der Gebäudeklassen 3 bis 5
müssen aus nichtbrennbaren Baustoffen bestehen.
(5) Die nutzbare Breite der Treppenläufe und Treppenabsätze notwendiger Treppen muss für den größten zu
erwartenden Verkehr ausreichen.
(6) Treppen müssen einen festen und griffsicheren Handlauf haben. Für Treppen sind Handläufe auf beiden
Seiten und Zwischenhandläufe vorzusehen, soweit die Verkehrssicherheit dies erfordert.
(7) Eine Treppe darf nicht unmittelbar hinter einer Tür beginnen, die in Richtung der

Treppe aufschlägt.

Zwischen Treppe und Tür ist ein ausreichender Treppenabsatz anzuordnen.

§ 35 Notwendige Treppenräume, Ausgänge

(1) Jede notwendige Treppe muss zur Sicherstellung der Rettungswege aus den Geschossen ins Freie in einem
eigenen, durchgehenden Treppenraum liegen (notwendiger Treppenraum). Notwendige Treppenräume müssen
so angeordnet und ausgebildet sein, dass die Nutzung der notwendigen Treppen im Brandfall ausreichend lang
möglich ist. Notwendige Treppen sind ohne eigenen Treppenraum zulässig
1. in Gebäuden der Gebäudeklassen 1 und 2,
2. für die Verbindung von höchstens zwei Geschossen innerhalb derselben Nutzungseinheit von insgesamt
nicht mehr als 200 m², wenn in jedem Geschoss ein anderer Rettungsweg erreicht werden kann und
3. als Außentreppe, wenn ihre Nutzung ausreichend sicher ist und im Brandfall nicht gefährdet werden kann.
(2) Von jeder Stelle eines Aufenthaltsraumes sowie eines Kellergeschosses muss mindestens ein Ausgang in
einen notwendigen Treppenraum oder ins Freie in höchstens 35 m Entfernung erreichbar sein. Übereinander
liegende Kellergeschosse müssen jeweils mindestens zwei Ausgänge in notwendige Treppenräume oder ins
Freie haben. Sind mehrere notwendige Treppenräume erforderlich, müssen sie so verteilt sein, dass sie möglichst
entgegengesetzt liegen und dass die Rettungswege möglichst kurz sind.
(3) Jeder notwendige Treppenraum muss an einer Außenwand liegen und einen unmittelbaren Ausgang ins Freie
haben. Innenliegende notwendige Treppenräume sind zulässig, wenn ihre Nutzung ausreichend lang nicht durch
Raucheintritt gefährdet werden kann. Sofern der Ausgang eines notwendigen Treppenraumes nicht unmittelbar
ins Freie führt, muss der Raum zwischen dem notwendigen Treppenraum und dem Ausgang ins Freie
1. mindestens so breit sein wie die dazugehörigen Treppenläufe,
2. Wände haben, die die Anforderungen an die Wände des Treppenraumes erfüllen,
3. rauchdichte und selbstschließende Abschlüsse zu notwendigen Fluren haben und
4. ohne Öffnungen zu anderen Räumen, ausgenommen zu notwendigen Fluren, sein.
(4) Die Wände notwendiger Treppenräume müssen als raumabschließende Bauteile
1. in Gebäuden der Gebäudeklasse 5 die Bauart von Brandwänden haben,
2. in Gebäuden der Gebäudeklasse 4 auch unter zusätzlicher mechanischer Beanspruchung hochfeuerhemmend
und
3. in Gebäuden der Gebäudeklasse 3 feuerhemmend
sein. Dies ist nicht erforderlich für Außenwände von Treppenräumen, die aus nichtbrennbaren Baustoffen
bestehen und durch andere an diese Außenwände anschließende Gebäudeteile im Brandfall nicht gefährdet

werden können. Der obere Abschluss notwendiger Treppenräume muss als raumabschließendes Bauteil die
Feuerwiderstandsfähigkeit der Decken des Gebäudes haben. Dies gilt nicht, wenn der obere Abschluss das Dach
ist und die Treppenraumwände bis unter die Dachhaut reichen.

(5) In notwendigen Treppenräumen und in Räumen nach Absatz 3 Satz 3 müssen

1. Bekleidungen, Putze, Dämmstoffe, Unterdecken und Einbauten aus nichtbrennbaren Baustoffen bestehen,

2. Wände und Decken aus brennbaren Baustoffen eine Bekleidung aus nichtbrennbaren Baustoffen in
ausreichender Dicke haben und

3. Bodenbeläge, ausgenommen Gleitschutzprofile, aus mindestens schwerentflammbaren Baustoffen bestehen.

(6) In notwendigen Treppenräumen müssen Öffnungen

1. zu Kellergeschossen, zu nicht ausgebauten Dachräumen, Werkstätten, Läden, Lager- und ähnlichen Räumen
sowie zu sonstigen Räumen und Nutzungseinheiten mit einer Fläche von mehr als 200 m², ausgenommen
Wohnungen, mindestens feuerhemmende, rauchdichte und selbstschließende Abschlüsse,

2. zu notwendigen Fluren rauchdichte und selbstschließende Abschlüsse und

3. zu sonstigen Räumen und Nutzungseinheiten mindestens dicht- und selbstschließende Abschlüsse
haben. Die Feuerschutz- und Rauchschutzabschlüsse dürfen lichtdurchlässige Seitenteile und Oberlichte enthalten,
wenn der Abschluss insgesamt nicht breiter als 2,50 m ist.

(7) Notwendige Treppenräume müssen zu beleuchten sein. Innenliegende notwendige Treppenräume müssen in
Gebäuden mit einer Höhe nach § 2 Abs. 3 Satz 2 von mehr als 13 m eine Sicherheitsbeleuchtung haben.

(8) Notwendige Treppenräume müssen belüftet werden können. Sie müssen in jedem oberirdischen Geschoss
unmittelbar ins Freie führende Fenster mit einem freien Querschnitt von mindestens 0,50 m² haben, die geöffnet
werden können. Für innenliegende notwendige Treppenräume und notwendige Treppenräume in Gebäuden mit
einer Höhe nach § 2 Abs. 3 Satz 2 von mehr als 13 m ist an der obersten Stelle eine Öffnung zur Rauchableitung
mit einem freien Querschnitt von mindestens 1 m² erforderlich. Sie muss vom Erdgeschoss sowie vom obersten
Treppenabsatz aus geöffnet werden können.

§ 36 Notwendige Flure, offene Gänge

(1) Flure, über die Rettungswege aus Aufenthaltsräumen oder aus Nutzungseinheiten mit Aufenthaltsräumen zu
Ausgängen in notwendige Treppenräume oder ins Freie führen (notwendige Flure), müssen so angeordnet und
ausgebildet sein, dass die Nutzung im Brandfall ausreichend lang möglich ist. Notwendige Flure sind nicht

erforderlich

1. in Wohngebäuden der Gebäudeklassen 1 und 2;
2. in sonstigen Gebäuden der Gebäudeklassen 1 und 2, ausgenommen in Kellergeschossen;
3. innerhalb von Wohnungen oder innerhalb von Nutzungseinheiten mit nicht mehr als 200 m² und
4. innerhalb von Nutzungseinheiten, die einer Büro- oder Verwaltungsnutzung dienen, mit nicht mehr als 400

m²; das gilt auch für Teile größerer Nutzungseinheiten, wenn diese Teile nicht größer als 400 m² sind,

Trennwände nach § 29 Abs. 2 Nr. 1 haben und jeder Teil unabhängig von anderen Teilen Rettungswege

nach § 33 Abs. 1 hat.

(2) Notwendige Flure müssen so breit sein, dass sie für den größten zu erwartenden Verkehr ausreichen. In den

Fluren ist eine Folge von weniger als drei Stufen unzulässig.

(3) Notwendige Flure sind durch nichtabschließbare, rauchdichte und selbstschließende Abschlüsse in Rauchabschnitte

zu unterteilen. Die Rauchabschnitte sollen nicht länger als 30 m sein. Die Abschlüsse sind bis an die

Rohdecke zu führen. Sie dürfen bis an die Unterdecke der Flure geführt werden, wenn die Unterdecke feuerhemmend

ist. Notwendige Flure mit nur einer Fluchtrichtung, die zu einem Sicherheitstreppenraum führen,

dürfen nicht länger als 15 m sein. Die Sätze 1 bis 4 gelten nicht für offene Gänge nach Absatz 5.

(4) Die Wände notwendiger Flure müssen als raumabschließende Bauteile feuerhemmend, in Kellergeschossen,

deren tragende und aussteifende Bauteile feuerbeständig sein müssen, feuerbeständig sein. Die Wände sind bis

an die Rohdecke zu führen. Sie dürfen bis an die Unterdecke der Flure geführt werden, wenn die Unterdecke

feuerhemmend und ein demjenigen nach Satz 1 vergleichbarer Raumabschluss sichergestellt ist. Türen in diesen

Wänden müssen dicht schließen. Öffnungen zu Lagerbereichen im Kellergeschoss müssen feuerhemmende,

dicht- und selbstschließende Abschlüsse haben.

(5) Für Wände und Brüstungen notwendiger Flure mit nur einer Fluchtrichtung, die als offene Gänge vor den

Außenwänden angeordnet sind, gilt Absatz 4 entsprechend. Fenster sind in diesen Außenwänden ab einer

Brüstungshöhe von 0,90 m zulässig.

(6) In notwendigen Fluren sowie in offenen Gängen nach Absatz 5 müssen

1. Bekleidungen, Putze, Unterdecken und Dämmstoffe aus nichtbrennbaren Baustoffen bestehen und
2. Wände und Decken aus brennbaren Baustoffen eine Bekleidung aus nichtbrennbaren Baustoffen in

ausreichender Dicke haben.

§ 37 Fenster, Türen, sonstige Öffnungen

(1) Glastüren und andere Glasflächen, die bis zum Fußboden allgemein zugänglicher Verkehrsflächen herabreichen,
sind so zu kennzeichnen, dass sie leicht erkannt werden können. Weitere Schutzmaßnahmen sind für
größere Glasflächen vorzusehen, wenn dies die Verkehrssicherheit erfordert.
(2) Eingangstüren von Wohnungen, die über Aufzüge erreichbar sein müssen, müssen eine lichte Durchgangsbreite
von mindestens 0,90 m haben.
(3) Jedes Kellergeschoss ohne Fenster muss mindestens eine Öffnung ins Freie haben, um eine Rauchableitung
zu ermöglichen. Gemeinsame Kellerlichtschächte für übereinander liegende Kellergeschosse sind unzulässig.
(4) Fenster, die als Rettungswege nach § 33 Abs. 2 Satz 2 dienen, müssen im Lichten mindestens 0,90 m mal
1,20 m groß und nicht höher als 1,20 m über der Fußbodenoberkante angeordnet sein.
Liegen diese Fenster in
Dachschrägen oder Dachaufbauten, darf ihre Unterkante oder ein davor liegender Austritt von der Traufkante
horizontal gemessen nicht mehr als 1 m entfernt sein.

§ 38 Umwehrungen

(1) In, an und auf baulichen Anlagen sind zu Umwehren oder mit Brüstungen zu versehen:
1. Flächen, die im Allgemeinen zum Begehen bestimmt sind und unmittelbar an mehr als 1 m tiefer liegende
Flächen angrenzen; dies gilt nicht, wenn die Umwehrung dem Zweck der Flächen widerspricht;
2. nicht begehbare Oberlichte und Glasabdeckungen in Flächen, die im Allgemeinen zum Begehen bestimmt
sind, wenn sie weniger als 0,50 m aus diesen Flächen herausragen;
3. Dächer oder Dachteile, die zum auch nur zeitweiligen Aufenthalt von Menschen bestimmt sind;
4. Öffnungen in begehbaren Decken sowie in Dächern oder Dachteilen nach Nummer 3, wenn sie nicht sicher
abgedeckt sind;
5. nicht begehbare Glasflächen in Decken sowie in Dächern oder Dachteilen nach Nummer 3;
6. die freien Seiten von Treppenläufen, Treppenabsätzen und Treppenöffnungen (Treppenaugen);
7. Kellerlichtschächte und Betriebsschächte, die an Verkehrsflächen liegen, wenn sie nicht verkehrssicher
abgedeckt sind.
(2) In Verkehrsflächen liegende Kellerlichtschächte und Betriebsschächte sind in Höhe der Verkehrsfläche verkehrssicher
abzudecken. An und in Verkehrsflächen liegende Abdeckungen müssen gegen unbefugtes Abheben
gesichert sein. Fenster, die unmittelbar an Treppen liegen und deren Brüstungen unter der notwendigen Umwehrungshöhe
liegen, sind zu sichern.

(3) Fensterbrüstungen von Flächen mit einer Absturzhöhe bis zu 12 m müssen mindestens 0,80 m, von Flächen
mit mehr als 12 m Absturzhöhe mindestens 0,90 m hoch sein. Geringere Brüstungshöhen sind zulässig, wenn
durch andere Vorrichtungen wie Geländer die nach Absatz 4 vorgeschriebenen Mindesthöhen eingehalten
werden.
(4) Andere notwendige Umwehrungen müssen folgende Mindesthöhen haben:
1. Umwehrungen zur Sicherung von Öffnungen in begehbaren Decken und Dächern sowie Umwehrungen von
Flächen mit 1 m bis zu 12 m Absturzhöhe 0,90 m;
2. Umwehrungen von Flächen mit mehr als 12 m Absturzhöhe 1,10 m.

Abschnitt 6 - Technische Gebäudeausrüstung

§ 39 Aufzüge

(1) Aufzüge im Innern von Gebäuden müssen eigene Fahrschächte haben, um eine Brandausbreitung in andere
Geschosse ausreichend lang zu verhindern. In einem Fahrschacht dürfen bis zu drei Aufzüge liegen. Aufzüge
ohne eigene Fahrschächte sind zulässig
1. innerhalb eines notwendigen Treppenraumes, ausgenommen in Hochhäusern,
2. innerhalb von Räumen, die Geschosse überbrücken,
3. zur Verbindung von Geschossen, die offen miteinander in Verbindung stehen dürfen, und
4. in Gebäuden der Gebäudeklassen 1 und 2.
Sie müssen sicher umkleidet sein.
(2) Die Fahrschachtwände müssen als raumabschließende Bauteile
1. in Gebäuden der Gebäudeklasse 5 feuerbeständig und aus nichtbrennbaren Baustoffen,
2. in Gebäuden der Gebäudeklasse 4 hochfeuerhemmend und
3. in Gebäuden der Gebäudeklasse 3 feuerhemmend
sein. Fahrschachtwände aus brennbaren Baustoffen müssen schachtseitig eine Bekleidung aus nichtbrennbaren
Baustoffen in ausreichender Dicke haben. Fahrschachttüren und andere Öffnungen in Fahrschachtwänden mit
erforderlicher Feuerwiderstandsfähigkeit sind so herzustellen, dass die Anforderungen nach Absatz 1 Satz 1
nicht beeinträchtigt werden.
(3) Fahrschächte müssen zu lüften sein und eine Öffnung zur Rauchableitung mit einem freien Querschnitt von
mindestens 2,5 Prozent der Fahrschachtgrundfläche, mindestens jedoch 0,10 m² haben. Die Lage der
Rauchaustrittsöffnungen muss so gewählt werden, dass der Rauchaustritt durch Windeinfluss nicht beeinträchtigt
wird.
(4) Gebäude mit einer Höhe nach § 2 Abs. 3 Satz 2 von mehr als 13 m müssen Aufzüge in ausreichender Zahl
haben. Von diesen Aufzügen muss mindestens ein Aufzug Kinderwagen, Rollstühle,

Krankentragen und Lasten
aufnehmen können und Haltestellen in allen Geschossen haben. Dieser Aufzug muss von allen Wohnungen in
dem Gebäude und von der öffentlichen Verkehrsfläche aus stufenlos erreichbar sein. § 50 Abs. 3 Satz 1 bis 5 gilt
entsprechend. Haltestellen im obersten Geschoss, im Erdgeschoss und in den Kellergeschossen sind nicht
erforderlich, wenn sie nur unter besonderen Schwierigkeiten hergestellt werden können.
(5) Fahrkörbe zur Aufnahme einer Krankentrage müssen eine nutzbare Grundfläche von mindestens 1,10 m mal
2,10 m, zur Aufnahme eines Rollstuhls von mindestens 1,10 m mal 1,40 m haben. Türen müssen eine lichte
Durchgangsbreite von mindestens 0,90 m haben. In einem Aufzug für Rollstühle und Krankentragen darf der für
Rollstühle nicht erforderliche Teil der Fahrkorbgrundfläche durch eine verschließbare Tür abgesperrt werden.
Vor den Aufzügen muss eine ausreichende Bewegungsfläche vorhanden sein.

§ 40 Leitungsanlagen, Installationsschächte und -kanäle

(1) Leitungen dürfen durch raumabschließende Bauteile, für die eine Feuerwiderstandsfähigkeit vorgeschrieben
ist, nur hindurchgeführt werden, wenn eine Brandausbreitung ausreichend lang nicht zu befürchten ist oder
Vorkehrungen hiergegen getroffen sind. Dies gilt nicht für Decken
1. in Gebäuden der Gebäudeklassen 1 und 2,
2. innerhalb von Wohnungen und
3. innerhalb derselben Nutzungseinheit mit nicht mehr als insgesamt 400 m² in nicht mehr als zwei
Geschossen.
(2) In notwendigen Treppenräumen, in Räumen nach § 35 Abs. 3 Satz 3 und in notwendigen Fluren sind
Leitungsanlagen nur zulässig, wenn eine Nutzung als Rettungsweg im Brandfall ausreichend lang möglich ist.
(3) Für Installationsschächte und -kanäle gelten Absatz 1 sowie § 41 Abs. 2 Satz 1 und Abs. 3 entsprechend.

§ 41 Lüftungsanlagen

(1) Lüftungsanlagen müssen betriebssicher und brandsicher sein. Sie dürfen den ordnungsgemäßen Betrieb von
Feuerungsanlagen nicht beeinträchtigen.
(2) Lüftungsleitungen sowie deren Bekleidungen und Dämmstoffe müssen aus nichtbrennbaren Baustoffen
bestehen. Brennbare Baustoffe sind zulässig, wenn ein Beitrag der Lüftungsleitung zur Brandentstehung und
Brandweiterleitung nicht zu befürchten ist. Lüftungsleitungen dürfen raumabschließende Bauteile, für die eine
Feuerwiderstandsfähigkeit vorgeschrieben ist, nur überbrücken, wenn eine Brandausbreitung ausreichend lang

nicht zu befürchten ist oder wenn Vorkehrungen hiergegen getroffen sind.

(3) Lüftungsanlagen sind so herzustellen, dass sie Gerüche und Staub nicht in andere Räume übertragen.

(4) Lüftungsanlagen dürfen nicht in Abgasanlagen eingeführt werden. Die gemeinsame Nutzung von Lüftungsleitungen
zur Lüftung und zur Ableitung der Abgase von Gasfeuerstätten ist zulässig, wenn keine Bedenken
wegen der Betriebssicherheit und des Brandschutzes bestehen. Die Abluft ist ins Freie zu führen. Nicht zur
Lüftungsanlage gehörende Einrichtungen sind in Lüftungsleitungen unzulässig.

(5) Die Absätze 2 und 3 gelten nicht

1. für Gebäude der Gebäudeklassen 1 und 2;

2. innerhalb von Wohnungen und

3. innerhalb derselben Nutzungseinheit mit nicht mehr als 400 m² in nicht mehr als zwei Geschossen.

(6) Für raumlufttechnische Anlagen und Warmluftheizungen gelten die Absätze 1 bis 5 entsprechend.

§ 42 Feuerungsanlagen, sonstige Anlagen zur Wärmeerzeugung, Brennstoffversorgung

(1) Feuerstätten und Abgasanlagen (Feuerungsanlagen) müssen betriebssicher und brandsicher sein.

(2) Feuerstätten dürfen in Räumen nur aufgestellt werden, wenn nach der Art der Feuerstätte und nach Lage,
Größe, baulicher Beschaffenheit und Nutzung der Räume Gefahren nicht entstehen.

(3) Abgase von Feuerstätten sind durch Abgasleitungen, Schornsteine und Verbindungsstücke (Abgasanlagen)
so abzuführen, dass keine Gefahren oder unzumutbaren Belästigungen entstehen. Abgasanlagen sind in solcher
Zahl und Lage und so herzustellen, dass die Feuerstätten des Gebäudes ordnungsgemäß angeschlossen werden
können. Sie müssen leicht gereinigt werden können.

(4) Behälter und Rohrleitungen für brennbare Gase und Flüssigkeiten müssen betriebssicher und brandsicher
sein. Diese Behälter sowie feste Brennstoffe sind so aufzustellen oder zu lagern, dass keine Gefahren oder
unzumutbaren Belästigungen entstehen.

(5) Für die Aufstellung von ortsfesten Verbrennungsmotoren, Blockheizkraftwerken, Brennstoffzellen und
Verdichtern sowie die Ableitung ihrer Verbrennungsgase gelten die Absätze 1 bis 3 entsprechend.

§ 43 Sanitäre Anlagen, Wasserzähler

(1) Fensterlose Bäder und Toiletten sind nur zulässig, wenn eine wirksame Lüftung gewährleistet ist.

(2) Jede Wohnung muss einen eigenen Wasserzähler haben. Dies gilt nicht bei Nutzungsänderungen, wenn die
Anforderung nach Satz 1 nur mit unverhältnismäßigem Mehraufwand erfüllt werden kann.

(3) Wasserversorgungsanlagen sowie Anlagen für Schmutz- und Niederschlagswasser (Abwasser) sind so
herzustellen und zu unterhalten, dass sie betriebssicher sind und Gefahren oder unzumutbare Belästigungen nicht
entstehen können.

§ 44 Kleinkläranlagen, Gruben

Kleinkläranlagen und Gruben müssen wasserdicht und ausreichend groß sein. Sie müssen eine dichte und sichere
Abdeckung sowie Reinigungs- und Entleerungsöffnungen haben. Diese Öffnungen dürfen nur vom Freien aus
zugänglich sein. Die Anlagen sind so zu entlüften, dass Gesundheitsschäden oder unzumutbare Belästigungen
nicht entstehen. Die Zuleitungen zu Abwasserentsorgungsanlagen müssen geschlossen, dicht, und, soweit erforderlich,
zum Reinigen eingerichtet sein.

§ 45 Aufbewahrung fester Abfallstoffe

Feste Abfallstoffe dürfen innerhalb von Gebäuden vorübergehend aufbewahrt werden, in Gebäuden der
Gebäudeklassen 3 bis 5 jedoch nur, wenn die dafür bestimmten Räume
1. Trennwände und Decken als raumabschließende Bauteile mit der Feuerwiderstandsfähigkeit der tragenden
Wände,
2. Öffnungen vom Gebäudeinnern zum Aufstellraum mit feuerhemmenden, dicht- und selbstschließenden
Abschlüssen haben,
3. unmittelbar vom Freien entleert werden können und
4. eine ständig wirksame Lüftung haben.

§ 46 Blitzschutzanlagen

Bauliche Anlagen, bei denen nach Lage, Bauart oder Nutzung Blitzschlag leicht eintreten oder zu schweren
Folgen führen kann, sind mit dauernd wirksamen Blitzschutzanlagen zu versehen.

Abschnitt 7 - Nutzungsbedingte Anforderungen

§ 47 Aufenthaltsräume

(1) Aufenthaltsräume müssen eine lichte Raumhöhe von mindestens 2,40 m haben. Aufenthaltsräume im
Dachraum müssen eine lichte Raumhöhe von mindestens 2,30 m über mindestens der Hälfte ihrer Grundfläche
haben; Raumteile mit einer lichten Höhe bis 1,50 m bleiben außer Betracht.
(2) Aufenthaltsräume müssen ausreichend belüftet und mit Tageslicht belichtet werden können. Sie müssen
Fenster mit einem Rohbaumaß der Fensteröffnungen von mindestens einem Achtel der

Netto-Grundfläche des
Raumes einschließlich der Netto-Grundfläche verglaster Vorbauten und Loggien haben.
(3) Aufenthaltsräume, deren Nutzung eine Belichtung mit Tageslicht verbietet, sowie
Verkaufsräume, Schankund
Speisegaststätten, ärztliche Behandlungs-, Sport-, Spiel-, Werk- und ähnliche Räume sind
ohne Fenster
zulässig.

§ 48 Wohnungen

(1) Jede Wohnung muss eine Küche oder Kochnische haben. Fensterlose Küchen oder
Kochnischen sind
zulässig, wenn eine wirksame Lüftung gewährleistet ist.
(2) In Wohngebäuden der Gebäudeklassen 3 bis 5 sind leicht erreichbare und gut
zugängliche Abstellräume für
Kinderwagen und Fahrräder sowie für jede Wohnung ein ausreichend großer Abstellraum
herzustellen.
(3) Jede Wohnung muss ein Bad mit Badewanne oder Dusche und eine Toilette haben.

§ 49 Stellplätze, Garagen

(1) Für Anlagen, bei denen ein Zu- oder Abgangsverkehr von Kraftfahrzeugen zu erwarten
ist, sind Stellplätze,
und Garagen in dem erforderlichen Umfang auf dem Baugrundstück oder in zumutbarer
Entfernung davon auf
einem geeigneten Grundstück herzustellen, dessen Benutzung für diesen Zweck rechtlich
gesichert wird (notwendige
Stellplätze). Abstellmöglichkeiten für Fahrräder sind für Wohngebäude mit mehr als sechs
Wohneinheiten
zu schaffen sowie für Sonderbauten, bei denen ein Zu- und Abgangsverkehr von
Fahrrädern zu erwarten
ist. Die Zahl, Größe und Beschaffenheit der notwendigen Stellplätze einschließlich des
Mehrbedarfs bei Änderungen
und Nutzungsänderungen der Anlagen ist zu bestimmen unter Berücksichtigung der
Sicherheit und
Leichtigkeit des Verkehrs, der Bedürfnisse des ruhenden Verkehrs sowie der Erschließung
durch Einrichtungen
des öffentlichen Personennahverkehrs.
(2) Ist die Herstellung der notwendigen Stellplätze aus tatsächlichen Gründen nicht oder
nur unter großen
Schwierigkeiten möglich, so kann die Gemeinde durch Satzung bestimmen, ob und in
welcher Höhe je Stellplatz
der zur Herstellung Verpflichtete stattdessen an die Gemeinde einen Geldbetrag zu zahlen
hat (Stellplatzablöse).
Die Höhe der Ablösungsbeträge richtet sich nach Art der Nutzung und Lage der Anlage
und darf 60 Prozent der
durchschnittlichen Kosten eines Stellplatzes in diesem Gebiet, maximal 10 000 EUR, nicht
übersteigen. Die
Gemeinde hat die Ablösebeträge zu verwenden für
1. die Herstellung zusätzlicher oder die Instandhaltung oder die Modernisierung

bestehender Parkeinrichtungen
oder
2. sonstige Maßnahmen zur Entlastung der Straßen vom ruhenden Verkehr einschließlich investiver Maßnahmen
des öffentlichen Personennahverkehrs.

§ 50 Barrierefreies Bauen

(1) In Gebäuden mit mehr als zwei Wohnungen müssen die Wohnungen eines Geschosses barrierefrei erreichbar
sein. In diesen Wohnungen müssen die Wohn- und Schlafräume, eine Toilette, ein Bad sowie die Küche oder die
Kochnische mit dem Rollstuhl zugänglich sein. § 39 Abs. 4 bleibt unberührt.
(2) Bauliche Anlagen, die öffentlich zugänglich sind, müssen in den dem allgemeinen Besucherverkehr dienenden
Teilen von Menschen mit Behinderungen, alten Menschen und Personen mit Kleinkindern barrierefrei erreicht
und ohne fremde Hilfe zweckentsprechend genutzt werden können. Diese Anforderungen gelten insbesondere
für
1. Einrichtungen der Kultur und des Bildungswesens;
2. Sport- und Freizeitstätten;
3. Einrichtungen des Gesundheitswesens;
4. Büro-, Verwaltungs- und Gerichtsgebäude;
5. Verkaufs- und Gaststätten sowie
6. Stellplätze, Garagen und Toilettenanlagen.
(3) Bauliche Anlagen nach Absatz 2 müssen durch einen Eingang mit einer lichten Durchgangsbreite von
mindestens 0,90 m stufenlos erreichbar sein. Vor Türen muss eine ausreichende Bewegungsfläche vorhanden
sein. Rampen dürfen nicht mehr als 6 Prozent geneigt sein. Sie müssen mindestens 1,20 m breit sein und
beidseitig einen festen und griffsicheren Handlauf haben. Am Anfang und am Ende jeder Rampe ist ein Podest,
alle 6 m ein Zwischenpodest anzuordnen. Die Podeste müssen eine Länge von mindestens 1,50 m haben.
Treppen müssen an beiden Seiten Handläufe erhalten, die über Treppenabsätze und Fensteröffnungen sowie über
die letzten Stufen zu führen sind. Die Treppen müssen Setzstufen haben. Flure müssen mindestens 1,50 m breit
sein. Ein Toilettenraum muss auch für Benutzer von Rollstühlen geeignet und erreichbar sein. Er ist zu
kennzeichnen. § 39 Abs. 4 gilt auch für Gebäude mit einer geringeren Höhe als nach § 39 Abs. 4 Satz 1, soweit
Geschosse mit Rollstühlen stufenlos erreichbar sein müssen.
(4) Die Absätze 1 bis 3 gelten nicht, soweit die Anforderungen wegen schwieriger Geländeverhältnisse, wegen
des Einbaus eines sonst nicht erforderlichen Aufzugs, wegen ungünstiger vorhandener Bebauung oder im
Hinblick auf die Sicherheit der Menschen mit Behinderungen oder alten Menschen nur mit

einem
unverhältnismäßigen Mehraufwand erfüllt werden können.

§ 51 Sonderbauten

An Sonderbauten können im Einzelfall zur Verwirklichung der allgemeinen Anforderungen nach § 3 Abs. 1
besondere Anforderungen gestellt werden. Erleichterungen können gestattet werden, soweit es der Einhaltung
von Vorschriften wegen der besonderen Art oder Nutzung baulicher Anlagen oder wegen besonderer Anforderungen
nicht bedarf. Die Anforderungen und Erleichterungen nach den Sätzen 1 und 2 können sich insbesondere
erstrecken auf
1. die Anordnung der baulichen Anlagen auf dem Grundstück;
2. die Abstände von Nachbargrenzen, von anderen baulichen Anlagen auf dem Grundstück und von
öffentlichen Verkehrsflächen sowie auf die Größe der freizuhaltenden Flächen der Grundstücke;
3. die Öffnungen nach öffentlichen Verkehrsflächen und nach angrenzenden Grundstücken;
4. die Anlage von Zu- und Abfahrten;
5. die Anlage von Grünstreifen, Baumpflanzungen und anderen Pflanzungen sowie die Begrünung oder
Beseitigung von Halden und Gruben;
6. die Bauart und Anordnung aller für die Stand- und Verkehrssicherheit, den Brand-, Wärme-, Schall- oder
Gesundheitsschutz wesentlichen Bauteile und die Verwendung von Baustoffen;
7. Brandschutzanlagen, -einrichtungen und -vorkehrungen;
8. die Löschwasserrückhaltung;
9. die Anordnung und Herstellung von Aufzügen, Treppen, Treppenräumen, Fluren, Ausgängen und sonstigen
Rettungswegen;
10. die Beleuchtung und Energieversorgung;
11. die Lüftung und Rauchableitung;
12. die Feuerungsanlagen und Heizräume;
13. die Wasserversorgung;
14. die Aufbewahrung und Entsorgung von Abwasser und festen Abfallstoffen;
15. die Stellplätze und Garagen;
16. die barrierefreie Nutzbarkeit;
17. die zulässige Zahl der Benutzer, Anordnung und Zahl der zulässigen Sitz- und Stehplätze bei
Versammlungsstätten, Tribünen und Fliegenden Bauten;
18. die Zahl der Toiletten für Besucher;
19. Umfang, Inhalt und Zahl besonderer Bauvorlagen, insbesondere eines Brandschutzkonzepts;
20. weitere zu erbringende Bescheinigungen;
21. die Bestellung und Qualifikation des Bauleiters und der Fachbauleiter;
22. den Betrieb und die Nutzung einschließlich der Bestellung und der Qualifikation eines Brandschutzbeauftragten

sowie

23. Erst-, Wiederholungs- und Nachprüfungen und die Bescheinigungen, die hierüber zu erbringen sind.

Teil 4 - Die am Bau Beteiligten

§ 52 Grundpflichten

Bei der Errichtung, Änderung, Nutzungsänderung und der Beseitigung von Anlagen sind der Bauherr und im
Rahmen ihres Wirkungskreises die anderen am Bau Beteiligten dafür verantwortlich, dass die öffentlichrechtlichen
Vorschriften eingehalten werden.

§ 53 Bauherr

(1) Der Bauherr hat zur Vorbereitung, Überwachung und Ausführung eines nicht verfahrensfreien Bauvorhabens
sowie der Beseitigung von Anlagen geeignete Beteiligte nach Maßgabe der §§ 54 bis 56 zu bestellen, soweit er
nicht selbst zur Erfüllung der Verpflichtungen nach diesen Vorschriften geeignet ist. Dem Bauherrn obliegen
außerdem die nach den öffentlich-rechtlichen Vorschriften erforderlichen Anträge, Anzeigen und Nachweise. Er
hat vor Baubeginn den Namen des Bauleiters und während der Bauausführung einen Wechsel dieser Person
unverzüglich der Bauaufsichtsbehörde schriftlich mitzuteilen. Wechselt der Bauherr, hat der neue Bauherr dies
der Bauaufsichtsbehörde unverzüglich schriftlich mitzuteilen.
(2) Treten bei einem Bauvorhaben mehrere Personen als Bauherr auf, so kann die Bauaufsichtsbehörde
verlangen, dass ihr gegenüber ein Vertreter bestellt wird, der die dem Bauherrn nach den öffentlich-rechtlichen
Vorschriften obliegenden Verpflichtungen zu erfüllen hat. Im Übrigen findet § 1 des Gesetzes zur Regelung des
Verwaltungsverfahrens- und des Verwaltungszustellungsrechts für den Freistaat Sachsen (SächsVwVfZG) vom
19. Mai 2010 (SächsGVBl. S. 142), in der jeweils geltenden Fassung, in Verbindung mit § 18 Abs. 1 Satz 2 und
3, Abs. 2 des Verwaltungsverfahrensgesetzes (VwVfG) in der Fassung der Bekanntmachung vom 23. Januar
2003 (BGBl. I S. 102), das zuletzt durch Artikel 2 Abs. 1 des Gesetzes vom 14. August 2009 (BGBl. I S. 2827,
2839) geändert worden ist, in der jeweils geltenden Fassung, entsprechende Anwendung.

§ 54 Entwurfsverfasser

(1) Der Entwurfsverfasser muss nach Sachkunde und Erfahrung zur Vorbereitung des jeweiligen Bauvorhabens

geeignet sein. Er ist für die Vollständigkeit und Brauchbarkeit seines Entwurfs verantwortlich. Der Entwurfsverfasser
hat dafür zu sorgen, dass die für die Ausführung notwendigen Einzelzeichnungen, Einzelberechnungen
und Anweisungen den öffentlich-rechtlichen Vorschriften entsprechen.
(2) Hat der Entwurfsverfasser auf einzelnen Fachgebieten nicht die erforderliche Sachkunde und Erfahrung, sind
geeignete Fachplaner heranzuziehen. Diese sind für die von ihnen gefertigten Unterlagen, die sie zu unterzeichnen
haben, verantwortlich. Für das ordnungsgemäße Ineinandergreifen aller Fachplanungen bleibt der Entwurfsverfasser
verantwortlich.

§ 55 Unternehmer

(1) Jeder Unternehmer ist für die mit den öffentlich-rechtlichen Anforderungen übereinstimmende Ausführung
der von ihm übernommenen Arbeiten und insoweit für die ordnungsgemäße Einrichtung und den sicheren
Betrieb der Baustelle verantwortlich. Er hat die erforderlichen Nachweise über die Verwendbarkeit der verwendeten
Bauprodukte und Bauarten zu erbringen und auf der Baustelle bereitzuhalten.
(2) Jeder Unternehmer hat auf Verlangen der Bauaufsichtsbehörde für Arbeiten, bei denen die Sicherheit der
Anlage in außergewöhnlichem Maße von der besonderen Sachkenntnis und Erfahrung des Unternehmers oder
von einer Ausstattung des Unternehmens mit besonderen Vorrichtungen abhängt, nachzuweisen, dass er für
diese Arbeiten geeignet ist und über die erforderlichen Vorrichtungen verfügt.

§ 56 Bauleiter

(1) Der Bauleiter hat darüber, zu wachen, dass die Baumaßnahme entsprechend den öffentlich-rechtlichen
Anforderungen durchgeführt wird und die dafür erforderlichen Weisungen zu erteilen. Er hat im Rahmen dieser
Aufgabe auf den sicheren bautechnischen Betrieb der Baustelle, insbesondere auf das gefahrlose Ineinandergreifen
der Arbeiten der Unternehmer, zu achten. Die Verantwortlichkeit der Unternehmer bleibt unberührt.
(2) Der Bauleiter muss über die für seine Aufgabe erforderliche Sachkunde und Erfahrung verfügen. Verfügt er
auf einzelnen Teilgebieten nicht über die erforderliche Sachkunde, sind geeignete Fachbauleiter heranzuziehen.
Diese treten insoweit an die Stelle des Bauleiters. Der Bauleiter hat die Tätigkeit der Fachbauleiter und seine
Tätigkeit aufeinander abzustimmen.

Teil 5 - Bauaufsichtsbehörden, Verfahren

Abschnitt 1 - Bauaufsichtsbehörden

§ 57 Aufbau und Zuständigkeit der Bauaufsichtsbehörden

(1) Bauaufsichtsbehörden sind
1. die Landkreise und Kreisfreien Städte als untere Bauaufsichtsbehörden,
2. die Landesdirektion Sachsen als obere Bauaufsichtsbehörde und
3. das Staatsministerium des Innern als oberste Bauaufsichtsbehörde.
Für den Vollzug dieses Gesetzes sowie anderer öffentlich-rechtlicher Vorschriften für die Errichtung, Änderung,
Nutzungsänderung und Beseitigung sowie die Nutzung und die Instandhaltung von Anlagen ist die untere Bauaufsichtsbehörde
zuständig, soweit nichts anderes bestimmt ist.
(2) Untere Bauaufsichtsbehörden sind auch die nach § 2 Abs. 2 des Gesetzes zur Neugliederung des Gebietes der
Landkreise des Freistaates Sachsen (Sächsisches Kreisgebietsneugliederungsgesetz – SächsKrGebNG) vom 29.
Januar 2008 (SächsGVBl. S. 102) eingekreisten Städte sowie Gemeinden, Verwaltungsverbände und erfüllende
Gemeinden von Verwaltungsgemeinschaften, die dies bis zum 1. Oktober 2003 geworden sind. Die Zuständigkeit
in dem Fall des Satzes 1 erlischt durch Erklärung der Gemeinde, des Verwaltungsverbands oder der erfüllenden
Gemeinde einer Verwaltungsgemeinschaft gegenüber der obersten Bauaufsichtsbehörde. Die Erklärung
einer erfüllenden Gemeinde bedarf der Zustimmung des Gemeinschaftsausschusses. Sie erlischt ferner,
wenn die in Absatz 3 genannten Voraussetzungen nicht mehr erfüllt sind und die oberste Bauaufsichtsbehörde
dies feststellt. Das Erlöschen ist im Sächsischen Gesetz- und Verordnungsblatt bekannt zu machen. Es wird mit
Ablauf des auf die Bekanntmachung folgenden Monats wirksam.
(3) Die Bauaufsichtsbehörden sind zur Durchführung ihrer Aufgaben ausreichend mit geeigneten Fachkräften zu
besetzen und mit den erforderlichen Vorrichtungen auszustatten. Den Bauaufsichtsbehörden müssen insbesondere
Personen, die die Befähigung zum höheren bautechnischen Verwaltungsdienst und die erforderlichen
Kenntnisse der Bautechnik, der Baugestaltung und des öffentlichen Baurechts haben, und Personen, die die
Befähigung zum Richteramt oder zum höheren Verwaltungsdienst haben, angehören. Die oberste Bauaufsichtsbehörde
kann Ausnahmen gestatten.

§ 58 Aufgaben und Befugnisse der Bauaufsichtsbehörden

(1) Die Aufgaben der unteren Bauaufsichtsbehörden sind Weisungsaufgaben. Das Weisungsrecht ist nicht
beschränkt.

(2) Die Bauaufsichtsbehörden haben bei der Errichtung, Änderung, Nutzungsänderung und Beseitigung sowie
bei der Nutzung und Instandhaltung von Anlagen darüber zu wachen, dass die öffentlich-rechtlichen
Vorschriften eingehalten werden, soweit nicht andere Behörden zuständig sind. Sie können in Wahrnehmung
dieser Aufgaben die erforderlichen Maßnahmen treffen.
(3) Bauaufsichtliche Genehmigungen und sonstige Maßnahmen gelten auch für und gegen Rechtsnachfolger.
(4) Die mit dem Vollzug dieses Gesetzes beauftragten Personen sind berechtigt, in Ausübung ihres Amtes
Grundstücke und Anlagen einschließlich der Wohnungen zu betreten. Das Grundrecht auf Unverletzlichkeit der
Wohnung (Artikel 13 des Grundgesetzes für die Bundesrepublik Deutschland, Artikel 30 Abs. 1 der Verfassung
des Freistaates Sachsen) wird insoweit eingeschränkt.
(5) Kommt eine Bauaufsichtsbehörde einer schriftlichen Weisung der Aufsichtsbehörde nicht fristgerecht nach,
kann diese anstelle der angewiesenen Behörde handeln (Selbsteintritt). Die oberste Bauaufsichtsbehörde muss
den Selbsteintritt für erforderlich halten und dies gegenüber der Aufsichtsbehörde erklären.

Abschnitt 2 - Genehmigungspflicht, Genehmigungsfreiheit

§ 59 Grundsatz

(1) Die Errichtung, Änderung und Nutzungsänderung von Anlagen bedürfen der Baugenehmigung, soweit in den
§§ 60 bis 62, 76 und 77 nichts anderes bestimmt ist.
(2) Die Genehmigungsfreiheit nach den §§ 60 bis 62, 76 und 77 Abs. 1 Satz 3 sowie die Beschränkung der
bauaufsichtlichen Prüfung nach §§ 63, 64, 66 Abs. 4 und § 77 Abs. 3 entbinden nicht von der Verpflichtung zur
Einhaltung der Anforderungen, die durch öffentlich-rechtliche Vorschriften an Anlagen gestellt werden, und
lassen die bauaufsichtlichen Eingriffsbefugnisse unberührt.

§ 60 Vorrang anderer Gestaltungsverfahren

Keiner Baugenehmigung, Abweichung, Genehmigungsfreistellung, Zustimmung und Bauüberwachung nach
diesem Gesetz bedürfen
1. nach anderen Rechtsvorschriften zulassungsbedürftige Anlagen in oder an oberirdischen Gewässern und
Anlagen, die dem Ausbau, der Unterhaltung oder der Nutzung eines Gewässers dienen oder als solche gelten,
ausgenommen Gebäude, die Sonderbauten sind;
2. nach anderen Rechtsvorschriften zulassungsbedürftige Anlagen für die öffentliche Versorgung mit Elektrizität,
Gas, Wärme, Wasser und für die öffentliche Verwertung oder Entsorgung von Abwässern,

ausgenommen
Gebäude, die Sonderbauten sind;
3. Werbeanlagen, soweit sie einer Zulassung nach Straßenrecht, Straßenverkehrs- oder nach Eisenbahnrecht
bedürfen;
4. Anlagen, die nach dem Gesetz zur Förderung der Kreislaufwirtschaft und Sicherung der umweltverträglichen
Beseitigung von Abfällen (Kreislaufwirtschafts- und Abfallgesetz-KrW-/AbfG) vom 27. September
1994 (BGBl. I S. 2705), zuletzt geändert durch Artikel 69 des Gesetzes vom 21. August 2002 (BGBl. I S.
3322, 3342), in der jeweils geltenden Fassung, einer Genehmigung bedürfen;
5. Anlagen, die einer gewerberechtlichen Genehmigung oder Erlaubnis bedürfen, ausgenommen gaststättenrechtliche
Erlaubnisse, sowie
6. Anlagen, die einer Errichtungsgenehmigung nach dem Gesetz über die friedliche Verwendung der Kernenergie
und den Schutz gegen ihre Gefahren (Atomgesetz) in der Fassung der Bekanntmachung vom 15. Juli
1985 (BGBl. I S. 1565), zuletzt geändert durch Artikel 70 des Gesetzes vom 21. August 2002 (BGBl. I S.
3322, 3342), in der jeweils geltenden Fassung, bedürfen.
Für Anlagen, bei denen ein anderes Gestattungsverfahren die Baugenehmigung, die Abweichung oder die
Zustimmung einschließt oder die nach Satz 1 keiner Baugenehmigung oder Zustimmung bedürfen, nimmt die für
den Vollzug der entsprechenden Rechtsvorschriften zuständige Behörde die Aufgaben und Befugnisse der
Bauaufsichtsbehörde im Außenverhältnis wahr.

§ 61 Verfahrensfreie Bauvorhaben, Beseitigung von Anlagen

(1) Verfahrensfrei sind
1. folgende Gebäude:
a) eingeschossige Gebäude mit einer Brutto-Grundfläche bis zu 10 m², außer im Außenbereich,
b) Garagen einschließlich überdachter Stellplätze mit einer mittleren Wandhöhe bis zu 3 m und einer
Brutto-Grundfläche bis zu 50 m² je Grundstück, außer im Außenbereich,
c) Gebäude ohne Feuerungsanlagen mit einer traufseitigen Wandhöhe bis zu 5 m, die einem land- oder
forstwirtschaftlichen Betrieb im Sinne der § 35 Abs. 1 Nr. 1 und 2, § 201 des Baugesetzbuches
(BauGB) in der Fassung der Bekanntmachung vom 27. August 1997 (BGBl. I S. 2141, 1998 S. 137),
das zuletzt durch Artikel 12 des Gesetzes vom 23. Juli 2002 (BGl. I S. 2850, 2852) geändert worden ist,
in der jeweils geltenden Fassung, dienen, höchstens 100 m² Brutto-Grundfläche haben und nur zur
Unterbringung von Sachen oder zum vorübergehenden Schutz von Tieren bestimmt sind,

d) Gewächshäuser mit einer Firsthöhe bis zu 5 m, die einem landwirtschaftlichen Betrieb im Sinne der §

35 Abs. 1 Nr. 1 und 2, § 201 BauGB dienen und höchstens 100 m² Brutto-Grundfläche haben,

e) Fahrgastunterstände, die dem öffentlichen Personenverkehr oder der Schülerbeförderung dienen,

f) Schutzhütten für Wanderer, die jedermann zugänglich sind und keine Aufenthaltsräume haben,

g) Terrassenüberdachungen mit einer Fläche bis zu 30 m² und einer Tiefe bis zu 3 m,

h) Gartenlauben in Kleingartenanlagen im Sinne des § 1 Abs. 1 des Bundeskleingartengesetzes

(BKleingG) vom 28. Februar 1983 (BGBl. I S. 210), das zuletzt durch Artikel 14 des Gesetzes vom 13.

September 2001 (BGBl. I S. 2376, 2398) geändert worden ist, in der jeweils geltenden Fassung,

i) Wochenendhäuser auf Wochenendplätzen,

2. Anlagen der technischen Gebäudeausrüstung:

a) Abgasanlagen in und an Gebäuden sowie freistehende Abgasanlagen mit einer Höhe bis zu 10 m,

b) sonstige Anlagen der technischen Gebäudeausrüstung,

3. Anlagen zur Nutzung erneuerbarer Energien:

a) Solaranlagen in, an und auf Dach- und Außenwandflächen sowie die damit verbundene Änderung der

Nutzung,

b) gebäudeunabhängige Solaranlagen mit einer Höhe bis zu 3 m und einer Gesamtlänge bis zu 9 m,

c) Windenergieanlagen bis zu 10 m Höhe, gemessen von der Geländeoberfläche bis zum höchsten Punkt

der vom Rotor bestrichenen Fläche, und einem Rotordurchmesser bis 3m, außer in reinen Wohngebieten,

4. folgende Anlagen der Ver- und Entsorgung:

a) Brunnen,

b) Anlagen, die der Telekommunikation, der öffentlichen Versorgung mit Elektrizität, Gas, Öl oder

Wärme dienen, mit einer Höhe bis zu 5 m und einer Brutto-Grundfläche bis zu 10 m²,

5. folgende Masten, Antennen und ähnliche Anlagen:

a) unbeschadet der Nummer 3 Buchst. b Antennen einschließlich der Masten mit einer Höhe bis zu 10 m

und zugehöriger Versorgungseinheiten mit einem Brutto-Rauminhalt bis zu 10 m² sowie, soweit sie in,

auf oder an einer bestehenden baulichen Anlage errichtet werden, die damit verbundene Änderung der

Nutzung oder der äußeren Gestalt der Anlage,

b) Masten und Unterstützungen für Fernsprechleitungen, für Leitungen zur Versorgung mit Elektrizität,

für Seilbahnen und für Leitungen sonstiger Verkehrsmittel, für Sirenen und für Fahnen,

c) Masten, die aus Gründen des Brauchtums errichtet werden,

d) Signalhochbauten für die Landesvermessung,

e) Flutlichtmasten mit einer Höhe bis zu 10 m,

6. folgende Behälter:

a) ortsfeste Behälter für Flüssiggas mit einem Fassungsvermögen von weniger als 3 t, für nicht verflüssigte
Gase mit einem Brutto-Rauminhalt bis zu 6 m³,
b) ortsfeste Behälter für brennbare oder wassergefährdende Flüssigkeiten mit einem Brutto-Rauminhalt bis
zu 10 m³,
c) ortsfeste Behälter sonstiger Art mit einem Brutto-Rauminhalt bis zu 50 m³ und einer Höhe bis zu 3 m,
d) Gärfutterbehälter, für die ein Prüfbericht zur Typenprüfung vorliegt, mit einer Höhe bis zu 10 m und
Schnitzelgruben,
e) Fahrsilos, Kompost- und ähnliche Anlagen,
f) Wasserbecken mit einem Beckeninhalt bis zu 100 m³,
7. folgende Mauern und Einfriedungen:
a) Mauern einschließlich Stützmauern und Einfriedungen mit einer Höhe bis zu 2 m, außer im
Außenbereich,
b) offene, sockellose Einfriedungen für Grundstücke, die einem land- oder forstwirtschaftlichen Betrieb im
Sinne der § 35 Abs. 1 Nr. 1 und 2, § 201 BauGB dienen,
8. private Verkehrsanlagen einschließlich Brücken und Durchlässen mit einer lichten Weite bis zu 5 m und
Untertunnelungen mit einem Durchmesser bis zu 3 m,
9. Aufschüttungen und Abgrabungen mit einer Höhe oder Tiefe bis zu 2 m und einer Grundfläche bis zu 30 m²,
im Außenbereich bis zu 300 m²,
10. folgende Anlagen in Gärten und zur Freizeitgestaltung:
a) Schwimmbecken mit einem Beckeninhalt bis zu 100 m³ einschließlich dazugehöriger luftgetragener
Überdachungen, außer im Außenbereich,
b) Sprungschanzen, Sprungtürme und Rutschbahnen mit einer Höhe bis zu 10 m,
c) Anlagen, die der zweckentsprechenden Einrichtung von Spiel-, Abenteuerspiel-, Bolz- und Sportplätzen,
Reit- und Wanderwegen, Trimm- und Lehrpfaden dienen, ausgenommen Gebäude und Tribünen,
d) Wohnwagen, Zelte und bauliche Anlagen, die keine Gebäude sind, auf Camping-, Zelt- und Wochenendplätzen,
e) Anlagen, die der Gartennutzung, der Gartengestaltung oder der zweckentsprechenden Einrichtung von
Gärten dienen, ausgenommen Gebäude und Einfriedungen,
11. folgende tragende und nichttragende Bauteile:
a) nichttragende und nichtaussteifende Bauteile in baulichen Anlagen,
b) die Änderung tragender oder aussteifender Bauteile innerhalb von Wohngebäuden der Gebäudeklassen
1 und 2,
c) Fenster und Türen sowie die dafür bestimmten Öffnungen,
d) Außenwandbekleidungen einschließlich Maßnahmen der Wärmedämmung, ausgenommen bei Hochhäusern,
Verblendungen und Verputz baulicher Anlagen,
e) Dacheindeckung einschließlich Maßnahmen der Wärmedämmung,

f) der Dach- und Kellergeschossausbau in vorhandenen Wohngebäuden zu Wohnungen, ausgenommen

bei Hochhäusern, sofern ein Prüfingenieur oder ein Prüfamt nach § 88 Abs. 2 bestätigt hat, dass Bedenken

wegen der Standsicherheit sowie brandschutztechnischer Belange nicht bestehen,

12. folgende Werbeanlagen:

a) Werbeanlagen mit einer Ansichtsfläche bis zu 1 m²,

b) Warenautomaten,

c) Werbeanlagen, die nach ihrem erkennbaren Zweck nur vorübergehend für höchstens zwei Monate

angebracht werden, außer im Außenbereich,

d) Hinweissschilder (§ 10 Abs. 3 Nr. 3), wenn sie vor Ortsdurchfahrten auf einer Tafel zusammengefasst

sind,

e) Werbeanlagen in durch Bebauungsplan festgesetzten Gewerbe-, Industrie- und vergleichbaren

Sondergebieten an der Stätte der Leistung mit einer Höhe bis zu 10 m,

13. folgende vorübergehend aufgestellte oder benutzbare Anlagen:

a) Baustelleneinrichtungen einschließlich der Lagerhallen, Schutzhallen und Unterkünfte,

b) Gerüste,

c) Toilettenwagen,

d) Behelfsbauten, die der Landesverteidigung, dem Katastrophenschutz oder der Unfallhilfe dienen,

e) bauliche Anlagen, die für höchstens drei Monate auf genehmigtem Messe- und Ausstellungsgelände

errichtet werden, ausgenommen Fliegende Bauten,

f) Verkaufsstände und andere bauliche Anlagen auf Straßenfesten, Volksfesten und Märkten,

ausgenommen Fliegende Bauten,

14. folgende Plätze:

a) unbefestigte sowie vorübergehend befestigte Lager- und Abstellplätze, die einem land- oder

forstwirtschaftlichen Betrieb im Sinne der § 35 Abs. 1 Nr. 1 und 2, § 201 BauGB dienen,

b) nicht überdachte Stellplätze mit einer Fläche bis zu 50 m² je Grundstück und deren Zufahrten,

c) Kinderspielplätze im Sinne des § 8 Abs. 2 Satz 1,

15. folgende sonstige Anlagen:

a) Fahrradabstellanlagen mit einer Fläche bis zu 30 m²,

b) Zapfsäulen und Tankautomaten genehmigter Tankstellen,

c) Regale mit einer Höhe bis zu 7,50 m Oberkante Lagergut,

d) Grabdenkmäler auf Friedhöfen, Feldkreuze, Denkmäler und sonstige Kunstwerke jeweils mit einer

Höhe bis zu 4 m,

e) andere unbedeutende Anlagen oder unbedeutende Teile von Anlagen wie Hauseingangsüberdachungen,

Markisen, Rollläden, Terrassen, Maschinenfundamente, Straßenfahrzeugwaagen, Pergolen, Jägerstände,

Wildfütterungen, Bienenfreistände, Taubenhäuser, Hofeinfahrten und Teppichstangen,

f) Gaststättenerweiterungen um eine Außenbewirtschaftung, wenn die für die Erweiterung in Anspruch genommene Grundfläche 100 m² nicht überschreitet.

(2) Verfahrensfrei ist die Änderung der Nutzung von Anlagen, wenn

1. für die neue Nutzung keine anderen öffentlich-rechtlichen Anforderungen als für die bisherige Nutzung in
Betracht kommen oder

2. die Errichtung oder Änderung der Anlagen nach Absatz 1 verfahrensfrei wäre.

(3) Verfahrensfrei ist die Beseitigung von

1. Anlagen nach Absatz 1,

2. freistehenden Gebäuden der Gebäudeklassen 1 und 3 und

3. sonstigen Anlagen, die keine Gebäude sind, mit einer Höhe bis zu 10 m.

Im Übrigen ist die beabsichtigte Beseitigung von Anlagen mindestens einen Monat zuvor der Bauaufsichtsbehörde
anzuzeigen. Bei Gebäuden der Gebäudeklasse 2 muss die Standsicherheit des Gebäudes oder der
Gebäude, an die das zu beseitigende Gebäude angebaut ist, von einem Tragwerksplaner im Sinne des § 66 Abs. 2
Satz 1 und 2 bestätigt sein. Bei sonstigen nicht freistehenden Gebäuden muss die Standsicherheit des Gebäudes
oder der Gebäude, an die das zu beseitigende Gebäude angebaut ist, bauaufsichtlich geprüft sein. Dies gilt
entsprechend, wenn die Beseitigung eines Gebäudes sich auf andere Weise auf die Standsicherheit anderer
Gebäude auswirken kann. Sätze 3 und 4 gelten nicht, soweit an verfahrensfreie Gebäude angebaut ist. § 72 Abs.
6 Nr. 3, Abs. 8 gilt entsprechend.

(4) Verfahrensfrei sind Instandhaltungsarbeiten.

§ 62 Genehmigungsfreistellung

(1) Keiner Genehmigung bedarf unter den Voraussetzungen des Absatzes 2 die Errichtung, Änderung und
Nutzungsänderung baulicher Anlagen, die keine Sonderbauten sind.

(2) Nach Absatz 1 ist ein Bauvorhaben genehmigungsfrei gestellt, wenn

1. es im Geltungsbereich eines Bebauungsplans im Sinne von § 30 Abs. 1 oder §§ 12, 30 Abs. 2 BauGB liegt;

2. es den Festsetzungen des Bebauungsplans nicht widerspricht;

3. die Erschließung im Sinne des Baugesetzbuches gesichert ist und

4. die Gemeinde nicht innerhalb der Frist nach Absatz 3 Satz 3 erklärt, dass das vereinfachte Baugenehmigungsverfahren
durchgeführt werden soll oder eine vorläufige Untersagung nach § 15 Abs. 1 Satz 2 BauGB
beantragt.

(3) Der Bauherr hat die erforderlichen Unterlagen vor Baubeginn jeweils einfach bei der unteren Bauaufsichtsbehörde
und der Gemeinde, wenn diese nicht Bauaufsichtsbehörde ist, einzureichen. Die Bauaufsichtsbehörde
hat dem Bauherrn innerhalb von fünf Werktagen das Eingangsdatum der vollständigen Unterlagen zu bestätigen
oder fehlende Unterlagen einmal nachzufordern. Mit dem Bauvorhaben darf drei Wochen nach dem von der

Bauaufsichtsbehörde bestätigten Eingangsdatum begonnen werden, es sei denn die Bauaufsichtsbehörde untersagt
den Baubeginn innerhalb dieser Frist. Sind Abweichungen nach § 67 Abs. 1 Satz 1 beantragt worden, darf
mit der Bauausführung der davon betroffenen Teile des Bauvorhabens erst begonnen werden, wenn dem Antrag
entsprochen wurde. Der Baubeginn ist zu untersagen, wenn die Gemeinde dem Bauherrn und der Bauaufsichtsbehörde
vor Ablauf der Frist mitteilt, dass ein Genehmigungsverfahren durchgeführt werden soll oder sie eine
Untersagung nach § 15 Abs. 1 Satz 2 BauGB beantragen wird, sowie wenn die Voraussetzungen der Absätze 1
und 2 nicht vorliegen. Will der Bauherr mit der Ausführung des Bauvorhabens mehr als drei Jahre, nachdem die
Bauausführung nach Satz 3 zulässig geworden ist, beginnen, gelten die Sätze 1 bis 4 entsprechend.
(4) Die Erklärung der Gemeinde nach Absatz 2 Nr. 4 erste Alternative kann insbesondere deshalb erfolgen, weil
sie eine Überprüfung der sonstigen Voraussetzungen des Absatzes 2 oder des Bauvorhabens aus anderen
Gründen für erforderlich hält. Darauf, dass die Gemeinde von ihrer Erklärungsmöglichkeit keinen Gebrauch
macht, besteht kein Rechtsanspruch.
(5) § 66 bleibt unberührt. § 68 Abs. 2 Satz 1, Abs. 4 Satz 1 und 2, § 72 Abs. 6 Nr. 2, Abs. 7 und 8 sind
entsprechend anzuwenden.

Abschnitt 3 - Genehmigungsverfahren

§ 63 Vereinfachtes Baugenehmigungsverfahren

Außer bei Sonderbauten prüft die Bauaufsichtsbehörde
1. die Übereinstimmung mit den Vorschriften über die Zulässigkeit der baulichen Anlagen nach den §§ 29 bis
38 BauGB;
2. beantragte Abweichungen im Sinne des § 67 Abs. 1 und 2 Satz 3 sowie
3. andere öffentlich-rechtliche Anforderungen, soweit wegen der Baugenehmigung eine Entscheidung nach
anderen öffentlich-rechtlichen Vorschriften entfällt oder ersetzt wird.
§ 66 bleibt unberührt.

§ 64 Baugenehmigungsverfahren

Bei genehmigungsbedürftigen baulichen Anlagen, die nicht unter § 63 fallen, prüft die Bauaufsichtsbehörde
1. die Übereinstimmung mit den Vorschriften über die Zulässigkeit der baulichen Anlagen nach den §§ 29 bis
38 BauGB;
2. Anforderungen nach den Vorschriften dieses Gesetzes und aufgrund dieses Gesetzes sowie

3. andere öffentlich-rechtliche Anforderungen, soweit wegen der Baugenehmigung eine Entscheidung nach
anderen öffentlich-rechtlichen Vorschriften entfällt oder ersetzt wird.
Die durch eine Umweltverträglichkeitsprüfung ermittelten, beschriebenen und bewerteten Umweltauswirkungen
sind nach Maßgabe des Gesetzes über die Umweltverträglichkeitsprüfung und des Gesetzes über die Umweltverträglichkeitsprüfung
im Freistaat Sachsen in den jeweils geltenden Fassungen zu berücksichtigen. § 66 bleibt unberührt.

§ 65 Bauvorlageberechtigung

(1) Bauvorlagen für die nicht verfahrensfreie Errichtung und Änderung von Gebäuden müssen von einem Entwurfsverfasser
unterschrieben sein, der bauvorlageberechtigt ist. Dies gilt nicht für
1. Bauvorlagen, die üblicherweise von Fachkräften mit anderer Ausbildung als nach Absatz 2 verfasst werden,
und
2. geringfügige oder technisch einfache Bauvorhaben.
(2) Bauvorlageberechtigt ist, wer
1. die Berufsbezeichnung ‚Architekt' führen darf,
2. in die von der Ingenieurkammer Sachsen geführte Liste der Bauvorlageberechtigten eingetragen ist; Eintragungen
anderer Länder gelten auch im Freistaat Sachsen,
3. die Berufsbezeichnung ‚Innenarchitekt' führen darf für die mit der Berufsaufgabe des Innenarchitekten verbundenen
baulichen Änderungen von Gebäuden oder
4. einen berufsqualifizierenden Hochschulabschluss eines Studiums der Fachrichtung Architektur, Hochbau
oder des Bauingenieurwesens nachweist, danach mindestens zwei Jahre auf dem Gebiet der Entwurfsplanung
von Gebäuden praktisch tätig gewesen ist und Bediensteter einer juristischen Person des öffentlichen
Rechts ist, für die dienstliche Tätigkeit.
(3) In die Liste der Bauvorlageberechtigten ist auf Antrag von der Ingenieurkammer Sachsen einzutragen, wer
1. einen berufsqualifizierenden Hochschulabschluss eines Studiums der Fachrichtung Hochbau oder des Bauingenieurwesens
nachweist und
2. danach mindestens zwei Jahre auf dem Gebiet der Entwurfsplanung von Gebäuden praktisch tätig gewesen
ist.
Dem Antrag sind die zur Beurteilung erforderlichen Unterlagen beizufügen. Das Eintragungsverfahren kann
auch über die einheitliche Stelle nach § 1 SächsVwVfZG in Verbindung mit den §§ 71a bis 71e des Verwaltungsverfahrensgesetzes
(VwVfG) in der Fassung der Bekanntmachung vom 23. Januar 2003 (BGBl. I S. 102),
das zuletzt durch Artikel 10 des Gesetzes vom 17. Dezember 2008 (BGBl. I S. 2586, 2692) geändert worden ist,
in der jeweils geltenden Fassung, abgewickelt werden. § 42a VwVfG findet Anwendung.

(4) Personen, die in einem anderen Mitgliedstaat der Europäischen Union, einem anderen Vertragsstaat des Abkommens

über den Europäischen Wirtschaftsraum oder der Schweiz als Bauvorlageberechtigte niedergelassen

sind, sind ohne Eintragung in die Liste nach Absatz 2 Nr. 2 bauvorlageberechtigt, wenn sie

1. eine vergleichbare Berechtigung besitzen und

2. dafür dem Absatz 3 Satz 1 Nr. 1 und 2 vergleichbare Anforderungen erfüllen mussten. Sie haben das erstmalige Tätigwerden als Bauvorlageberechtigter vorher der Ingenieurkammer Sachsen anzuzeigen

und dabei

1. eine Bescheinigung darüber, dass sie in einem Mitgliedstaat der Europäischen Union, einem anderen

Vertragsstaat des Abkommens über den Europäischen Wirtschaftsraum oder der Schweiz rechtmäßig als

Bauvorlageberechtigter niedergelassen sind und ihnen die Ausübung dieser Tätigkeit zum Zeitpunkt der

Vorlage der Bescheinigung nicht, auch nicht vorübergehend untersagt ist, und

2. einen Nachweis darüber, dass sie im Staat ihrer Niederlassung für die Tätigkeit als Bauvorlageberechtigter

mindestens die Voraussetzungen des Absatzes 3 Satz 1 Nr. 1 und 2 erfüllen mussten, vorzulegen; sie sind in einem Verzeichnis zu führen. Die Ingenieurkammer Sachsen hat auf Antrag zu bestätigen,

dass die Anzeige nach Satz 2 erfolgt ist; sie kann das Tätigwerden als Bauvorlageberechtigter untersagen

und die Eintragung in das Verzeichnis nach Satz 2 löschen, wenn die Voraussetzungen des Satzes 1 nicht erfüllt

sind. § 71a VwVfG findet Anwendung.

(5) Personen, die in einem anderen Mitgliedstaat der Europäischen Union, einem anderen Vertragsstaat des Abkommens

über den Europäischen Wirtschaftsraum oder der Schweiz als Bauvorlageberechtigte niedergelassen

sind, ohne im Sinne des Absatzes 4 Satz 1 Nr. 2 vergleichbar zu sein, sind bauvorlageberechtigt, wenn ihnen die

Ingenieurkammer Sachsen bescheinigt hat, dass sie die Anforderungen des Absatzes 3 Satz 1 Nr. 1 und 2 erfüllen;

sie sind in einem Verzeichnis zu führen. Die Bescheinigung wird auf Antrag erteilt. Absatz 3 ist entspre -

chend anzuwenden.

(6) Anzeigen und Bescheinigungen nach den Absätzen 4 und 5 sind nicht erforderlich, wenn bereits in einem

anderen Land eine Anzeige erfolgt ist oder eine Bescheinigung erteilt wurde; eine weitere Eintragung in die von

der Ingenieurkammer Sachsen geführten Verzeichnisse erfolgt nicht.

§ 66 Bautechnische Nachweise

(1) Die Einhaltung der Anforderungen an die Standsicherheit, den Brand-, Schall-, Wärme- und Erschütterungsschutz

ist nach näherer Maßgabe der Verordnung aufgrund § 88 Abs. 3 nachzuweisen (bautechnische

Nachweise). Dies gilt nicht für verfahrensfreie Bauvorhaben, einschließlich der Beseitigung von Anlagen, soweit
nicht in diesem Gesetz oder in der Rechtsverordnung aufgrund § 88 Abs. 3 anderes bestimmt ist. Die Bauvorlageberechtigung
nach § 65 Abs. 2 Nr. 1, 2 und 4 schließt die Berechtigung zur Erstellung der bautechnischen
Nachweise ein, soweit nicht nachfolgend Abweichendes bestimmt ist.
(2) Bei
1. Gebäuden der Gebäudeklasse 1 bis 3 und
2. sonstigen baulichen Anlagen, die keine Gebäude sind,
muss der Standsicherheitsnachweis von einer Person mit einem berufsqualifizierenden Hochschulabschluss eines
Studiums der Fachrichtung Architektur, Hochbau oder des Bauingenieurwesens mit einer mindestens dreijährigen
Berufserfahrung in der Tragwerksplanung erstellt sein, der in die von der Ingenieurkammer Sachsen geführte
Liste der qualifizierten Tragwerksplaner eingetragen ist. Eintragungen anderer Länder gelten auch im
Freistaat Sachsen. Auch bei anderen Bauvorhaben darf der Standsicherheitsnachweis von einem Tragwerksplaner
nach Satz 1 oder 2 erstellt werden. Die Anerkennung als Prüfingenieur im Sinne der Verordnung nach §
88 Abs. 2 schließt die Berechtigung zur Erstellung der bautechnischen Nachweise in seinem jeweiligen Fachbereich
ein. Für Personen, die in einem anderen Mitgliedstaat der Europäischen Union, einem anderen Vertragsstaat
des Abkommens über den Europäischen Wirtschaftsraum oder der Schweiz zur Erstellung von Standsicherheits-
oder Brandschutznachweisen niedergelassen sind, gilt § 65 Abs. 4 bis 6 mit der Maßgabe entsprechend,
dass die Anzeige oder der Antrag auf Erteilung einer Bescheinigung bei der zuständigen Stelle einzureichen
ist. Zuständige Stelle für Personen nach Satz 1 ist die Ingenieurkammer Sachen; zuständige Stelle für
Personen nach Satz 4 ist die oberste Bauaufsichtsbehörde.
(3) Bei Gebäuden der Gebäudeklassen 4 und 5 muss der Standsicherheitsnachweis bauaufsichtlich geprüft sein.
Dies gilt auch bei
1. Gebäuden der Gebäudeklassen 1 bis 3,
2. Behältern, Brücken, Stützmauern, Tribünen und
3. sonstigen baulichen Anlagen, die keine Gebäude sind, mit einer Höhe von mehr als 10 m,
wenn dies nach Maßgabe eines in der Rechtsverordnung nach § 88 Abs. 3 geregelten Kriterienkatalogs erforderlich
ist. Bei
1. Sonderbauten,
2. Mittel- und Großgaragen im Sinne der Verordnung nach § 88 Abs. 1 Nr. 3 und
3. Gebäuden der Gebäudeklassen 4 und 5,
muss der Brandschutznachweis bauaufsichtlich geprüft sein.
(4) Außer in den Fällen des Absatzes 3 werden bautechnische Nachweise nicht geprüft. §

67 bleibt unberührt.

Einer bauaufsichtlichen Prüfung bedarf es ferner nicht, soweit für das Bauvorhaben Standsicherheitsnachweise

vorliegen, die von einem Prüfamt allgemein geprüft sind (Typenprüfung). Typenprüfungen anderer Länder

gelten auch im Freistaat Sachsen.

§ 67 Abweichungen

(1) Die Bauaufsichtsbehörde kann Abweichungen von Anforderungen dieses Gesetzes und aufgrund dieses

Gesetzes erlassener Vorschriften zulassen, wenn sie unter Berücksichtigung des Zwecks der jeweiligen Anforderung

und unter Würdigung der öffentlich-rechtlich geschützten nachbarlichen Belange mit den öffentlichen

Belangen, insbesondere den Anforderungen des § 3 Abs. 1 vereinbar sind. § 3 Abs. 3 Satz 3 bleibt unberührt.

Der Zulassung einer Abweichung bedarf es auch nicht, wenn bautechnische Nachweise bauaufsichtlich geprüft

werden.

(2) Die Zulassung von Abweichungen nach Absatz 1, von Ausnahmen und Befreiungen von den Festsetzungen

eines Bebauungsplans, einer sonstigen städtebaulichen Satzung nach § 31 BauGB oder von Regelungen der

Verordnung über die bauliche Nutzung der Grundstücke (Baunutzungsverordnung-BauNVO) in der Fassung der

Bekanntmachung vom 23. Januar 1990 (BGBl. I S. 132), zuletzt geändert durch Artikel 3 des Gesetzes vom 22.

April 1993 (BGBl. I S. 466, 479), in der jeweils geltenden Fassung, über die zulässige Art der baulichen

Nutzung nach § 34 Abs. 2 Halbsatz 2 BauGB ist gesondert schriftlich zu beantragen. Der Antrag ist zu

begründen. Für Anlagen, die keiner Genehmigung bedürfen, sowie für Abweichungen von Vorschriften, die im

Genehmigungsverfahren nicht geprüft werden, gilt Satz 1 entsprechend.

(3) Über Abweichungen nach Absatz 1 Satz 1 von örtlichen Bauvorschriften sowie über Ausnahmen und

Befreiungen nach Absatz 2 Satz 1 entscheidet bei verfahrensfreien Bauvorhaben die Gemeinde nach Maßgabe

der Absätze 1 und 2.

§ 68 Bauantrag, Bauvorlagen

(1) Der Bauantrag ist schriftlich bei der unteren Bauaufsichtsbehörde einzureichen.

(2) Mit dem Bauantrag sind alle für die Beurteilung des Bauvorhabens und die Bearbeitung des Bauantrags

erforderlichen Bauvorlagen einzureichen. Näheres regelt die Rechtsverordnung nach § 88 Abs. 3.

(3) In besonderen Fällen kann zur Beurteilung der Einwirkung des Bauvorhabens auf die Umgebung verlangt

werden, dass es in geeigneter Weise auf dem Baugrundstück dargestellt wird.

(4) Der Bauherr und der Entwurfsverfasser haben den Bauantrag, der Entwurfsverfasser die Bauvorlagen zu
unterschreiben. Die von Fachplanern nach § 54 Abs. 2 bearbeiteten Unterlagen müssen auch von diesen unterschrieben
sein. Ist der Bauherr nicht Grundstückseigentümer, kann die Zustimmung des Grundstückseigentümers
zu dem Bauvorhaben gefordert werden.

§ 69 Behandlung des Bauantrags

(1) Die Bauaufsichtsbehörde hört zum Bauantrag die Gemeinde und diejenigen Stellen,
1. deren Beteiligung oder Anhörung für die Entscheidung über den Bauantrag durch Rechtsvorschrift
vorgeschrieben ist, oder
2. ohne deren Stellungnahme die Genehmigungsfähigkeit des Bauantrags nicht beurteilt werden kann.
Die Beteiligung oder Anhörung entfällt, wenn die Gemeinde oder die jeweilige Stelle dem Bauantrag bereits vor
Einleitung des Baugenehmigungsverfahrens zugestimmt hat. Bedarf die Erteilung der Baugenehmigung der
Zustimmung oder des Einvernehmens einer anderen Körperschaft, Behörde oder sonstigen Stelle, gilt diese als
erteilt, wenn sie nicht einen Monat nach Eingang des Ersuchens verweigert wird. Von der Frist nach Satz 3
abweichende Regelungen durch Rechtsvorschrift bleiben unberührt. Stellungnahmen bleiben unberücksichtigt,
wenn sie nicht innerhalb eines Monats nach Aufforderung zur Stellungnahme bei der Bauaufsichtsbehörde
eingehen, es sei denn, die verspätete Stellungnahme ist für die Rechtmäßigkeit der Entscheidung über den
Bauantrag von Bedeutung.
(2) Sobald der Bauantrag und die Bauvorlagen vollständig sind, bestätigt die Bauaufsichtsbehörde unverzüglich
dem Bauherrn die Vollständigkeit von Bauantrag und Bauvorlagen und den nach Absatz 4 ermittelten Zeitpunkt
der Entscheidung. Sind der Bauantrag oder die Bauvorlagen unvollständig oder weisen sie sonstige erhebliche
Mängel auf, fordert die Bauaufsichtsbehörde unverzüglich den Bauherrn zur Behebung der Mängel innerhalb
einer angemessenen Frist auf. Werden die Mängel innerhalb der Frist nicht behoben, gilt der Antrag als zurückgenommen.
(3) Die Bauaufsichtsbehörde hat möglichst frühzeitig auf das Erfordernis der Erteilung anderer öffentlich-rechtlicher
Genehmigungen oder Erlaubnisse vor Baubeginn hinzuweisen.
(4) Die Bauaufsichtbehörde entscheidet innerhalb von drei Monaten über den Bauantrag. Die Frist nach Satz 1
beginnt mit dem bestätigten Eingangsdatum nach Absatz 2 Satz 1. Sie kann bei Vorliegen eines wichtigen
Grundes um höchstens zwei Monate verlängert werden. Wird die Frist verlängert, ist dies

dem Bauherrn unter
Nennung der Gründe und unter Angabe des voraussichtlichen Zeitpunkts der Entscheidung mitzuteilen.
(5) Im vereinfachten Verfahren nach § 63 gilt die Genehmigung als erteilt, wenn die Bauaufsichtsbehörde nicht
innerhalb der Frist des Absatzes 4 über den Bauantrag entschieden hat. Die Bauaufsichtsbehörde hat auf Antrag
des Bauherrn darüber ein Zeugnis auszustellen. Das Zeugnis steht der Genehmigung gleich. § 66 bleibt
unberührt.

§ 70 Beteiligung der Nachbarn

(1) Die Eigentümer benachbarter Grundstücke (Nachbarn) sind nach den Absätzen 2 bis 4 zu beteiligen.
(2) Die Bauaufsichtsbehörden müssen die Nachbarn vor Erteilung von Abweichungen und Befreiungen benachrichtigen,
wenn zu erwarten ist, dass öffentlich-rechtlich geschützte nachbarliche Belange berührt werden. Einwendungen
sind innerhalb von zwei Wochen nach Zugang der Benachrichtigung bei der Bauaufsichtsbehörde
schriftlich oder zur Niederschrift vorzubringen.
(3) Die Benachrichtigung entfällt, wenn die zu benachrichtigenden Nachbarn die Lagepläne und Bauzeichnungen
unterschrieben oder der Erteilung von Abweichungen und Befreiungen schriftlich zugestimmt haben.
(4) Haben die Nachbarn dem Bauvorhaben nicht zugestimmt, ist ihnen die Baugenehmigung zuzustellen. Bei
Bauvorhaben, die keiner Genehmigung bedürfen, ist ihnen die Entscheidung über die Erteilung von Abweichungen
und Befreiungen zuzustellen.

§ 71 Ersetzung des gemeindlichen Einvernehmens

(1) Hat eine Gemeinde, die nicht untere Bauaufsichtsbehörde ist, ihr nach § 14 Abs. 2 Satz 2, § 22 Abs. 5 Satz 1,
§ 36 Abs. 1 Satz 1 und 2 BauGB erforderliches Einvernehmen rechtswidrig versagt, ist das fehlende Einvernehmen
nach Maßgabe der Absätze 2 bis 5 zu ersetzen.
(2) § 114 der Gemeindeordnung für den Freistaat Sachsen (SächsGemO) in der Fassung der Bekanntmachung
vom 18. März 2003 (SächsGVBl. S. 55, 159), in der jeweils geltenden Fassung, findet keine Anwendung. §§ 115
und 116 SächsGemO finden nach Maßgabe der Absätze 1, 3 bis 5 Anwendung.
(3) Entscheidungen der Bauaufsichtsbehörde in Fällen des Absatzes 1 gelten im Hinblick auf das versagte
Einvernehmen der Gemeinde zugleich als Ersatzvornahme im Sinne des § 116 SächsGemO. Sie sind insoweit zu
begründen. Widerspruch und Anfechtungsklage haben auch insoweit keine aufschiebende Wirkung, als die

Genehmigung als Ersatzvornahme gilt.

(4) Die Gemeinde ist vor Erlass der Genehmigung anzuhören. Dabei ist ihr Gelegenheit zu geben, binnen angemessener
Frist erneut über das gemeindliche Einvernehmen zu entscheiden.

(5) Ist die Gemeinde zugleich untere Bauaufsichtsbehörde, gelten die Absätze 2 bis 4 entsprechend für das Widerspruchsverfahren.

§ 72 Baugenehmigung, Baubeginn

(1) Die Baugenehmigung ist zu erteilen, wenn dem Bauvorhaben keine öffentlich-rechtlichen Vorschriften entgegenstehen,
die im bauaufsichtlichen Genehmigungsverfahren zu prüfen sind.

(2) Die Baugenehmigung bedarf der Schriftform. Sie ist nur insoweit zu begründen, als Abweichungen oder Befreiungen
von nachbarschützenden Vorschriften zugelassen werden und der Nachbar nicht nach § 70 Abs. 3 zugestimmt
hat.

(3) Die Baugenehmigung kann unter Auflagen, Bedingungen und dem Vorbehalt der nachträglichen Aufnahme,
Änderung oder Ergänzung einer Auflage sowie befristet erteilt werden. Um die Erfüllung einer mit der Baugenehmigung
verbundenen Rückbauverpflichtung zu gewährleisten, kann eine Sicherheitsleistung bis zur Höhe der
für die Erfüllung der Verpflichtung voraussichtlich anfallenden Kosten verlangt werden.

(4) Die Baugenehmigung wird unbeschadet der Rechte Dritter erteilt.

(5) Die Gemeinde ist, wenn sie nicht Bauaufsichtsbehörde ist, von der Erteilung, Verlängerung, Ablehnung,
Rücknahme und dem Widerruf einer Baugenehmigung, Teilbaugenehmigung, eines Vorbescheids, einer Zustimmung,
einer Abweichung, einer Ausnahme oder einer Befreiung zu unterrichten. Eine Ausfertigung des Bescheids
ist beizufügen.

(6) Mit der Bauausführung oder mit der Ausführung des jeweiligen Bauabschnitts darf erst begonnen werden,
wenn

1. die Baugenehmigung dem Bauherrn zugegangen ist und
2. die bautechnischen Nachweise nach § 66 sowie
3. die Baubeginnsanzeige
der Bauaufsichtsbehörde vorliegen.

(7) Vor Baubeginn eines Gebäudes müssen die Grundrissfläche abgesteckt und seine Höhenlage festgelegt sein.
Baugenehmigungen und Bauvorlagen müssen an der Baustelle von Baubeginn an vorliegen.

(8) Der Bauherr hat den Ausführungsbeginn genehmigungsbedürftiger Vorhaben und die Wiederaufnahme der
Bauarbeiten nach einer Unterbrechung von mehr als drei Monaten mindestens eine Woche vorher der Bauaufsichtsbehörde
schriftlich mitzuteilen (Baubeginnsanzeige).

§ 73 Geltungsdauer der Genehmigung

(1) Die Baugenehmigung und die Teilbaugenehmigung erlöschen, wenn innerhalb von drei Jahren nach ihrer
Erteilung mit der Ausführung des Bauvorhabens nicht begonnen oder die Bauausführung länger als zwei Jahre
unterbrochen worden ist.
(2) Die Frist nach Absatz 1 kann auf schriftlichen Antrag jeweils um bis zu zwei Jahre verlängert werden. Sie
kann auch rückwirkend verlängert werden, wenn der Antrag vor Fristablauf bei der Bauaufsichtsbehörde
eingegangen ist.

§ 74 Teilbaugenehmigung

Ist ein Bauantrag eingereicht, kann der Beginn der Bauarbeiten für die Baugrube und für einzelne Bauteile oder
Bauabschnitte auf schriftlichen Antrag schon vor Erteilung der Baugenehmigung gestattet werden (Teilbaugenehmigung).
§ 72 gilt entsprechend.

§ 75 Vorbescheid

Vor Einreichung des Bauantrags ist auf Antrag des Bauherrn zu einzelnen Fragen des Bauvorhabens ein Vorbescheid
zu erteilen. Der Vorbescheid gilt drei Jahre. Die Frist kann auf schriftlichen Antrag jeweils bis zu
einem Jahr verlängert werden. §§ 68, 69 Abs. 1 bis 3, §§ 70, 72 Abs. 1 bis 4 und § 73 Abs. 2 Satz 2 gelten
entsprechend.

§ 76 Genehmigung Fliegender Bauten

(1) Fliegende Bauten sind bauliche Anlagen, die geeignet und bestimmt sind, an verschiedenen Orten wiederholt
aufgestellt und zerlegt zu werden. Baustelleneinrichtungen und Baugerüste sind keine Fliegenden Bauten.
(2) Fliegende Bauten bedürfen, bevor sie erstmals aufgestellt und in Gebrauch genommen werden, einer Ausführungsgenehmigung.
Dies gilt nicht für
1. Fliegende Bauten mit einer Höhe bis zu 5 m, die nicht dazu bestimmt sind, von Besuchern betreten zu
werden;
2. Fliegende Bauten mit einer Höhe bis zu 5 m, die für Kinder betrieben werden und eine Geschwindigkeit von
höchstens 1 m/s haben;
3. Bühnen, die Fliegende Bauten sind, einschließlich Überdachungen und sonstigen Aufbauten mit einer Höhe
bis zu 5 m, einer Grundfläche bis zu 100 m² und einer Fußbodenhöhe bis zu 1,50 m und
4. Zelte, die Fliegende Bauten sind, mit einer Grundfläche bis zu 75 m².
(3) Die Ausführungsgenehmigung wird auf Antrag durch eine von der obersten

Bauaufsichtsbehörde bestimmte
Stelle erteilt. Hat der Antragsteller keine Hauptwohnung oder gewerbliche Niederlassung im Freistaat Sachsen,
ist in der Bundesrepublik Deutschland für die Erteilung der Ausführungsgenehmigung die jeweils nach Landesrecht
bestimmte Stelle zuständig, in deren Bereich der Fliegende Bau zum ersten Mal aufgestellt oder in Gebrauch
genommen werden soll.
(4) Die Ausführungsgenehmigung wird für eine bestimmte Frist erteilt, die höchstens fünf Jahre betragen soll.
Sie kann auf schriftlichen Antrag von der für die Erteilung der Ausführungsgenehmigung zuständigen Stelle
jeweils bis zu fünf Jahren verlängert werden. § 73 Abs. 2 Satz 2 gilt entsprechend. Die Ausführungsgenehmigungen
werden in ein Prüfbuch eingetragen, dem eine Ausfertigung der mit einem Genehmigungsvermerk zu
versehenden Bauvorlagen beizufügen ist. Ausführungsgenehmigungen anderer Länder gelten auch im Freistaat
Sachsen.
(5) Der Inhaber der Ausführungsgenehmigung hat den Wechsel seines Wohnsitzes oder seiner gewerblichen
Niederlassung oder die Übertragung eines Fliegenden Baus an Dritte der Stelle anzuzeigen, die die Ausführungsgenehmigung
erteilt hat. Die Stelle hat die Änderungen in das Prüfbuch einzutragen und sie, wenn mit den
Änderungen ein Wechsel der Zuständigkeit verbunden ist, der nunmehr zuständigen Stelle mitzuteilen.
(6) Fliegende Bauten, die nach Absatz 2 Satz 1 einer Ausführungsgenehmigung bedürfen, dürfen unbeschadet
anderer Vorschriften nur in Gebrauch genommen werden, wenn ihre Aufstellung der Bauaufsichtsbehörde des
Aufstellungsortes unter Vorlage des Prüfbuches angezeigt ist. Die Bauaufsichtsbehörde kann die Inbetriebnahme
dieser Fliegenden Bauten von einer Gebrauchsabnahme abhängig machen. Das Ergebnis der Abnahme ist in das
Prüfbuch einzutragen. In der Ausführungsgenehmigung kann bestimmt werden, dass Anzeigen nach Satz 1 nicht
erforderlich sind, wenn eine Gefährdung im Sinne des § 3 Abs. 1 nicht zu erwarten ist.
(7) Die für die Erteilung der Gebrauchsabnahme zuständige Bauaufsichtsbehörde kann Auflagen machen oder
die Aufstellung oder den Gebrauch Fliegender Bauten untersagen, soweit dies nach den örtlichen Verhältnissen
oder zur Abwehr von Gefahren erforderlich ist, insbesondere weil die Betriebssicherheit oder Standsicherheit
nicht oder nicht mehr gewährleistet ist oder weil von der Ausführungsgenehmigung abgewichen wird. Wird die
Aufstellung oder der Gebrauch untersagt, ist dies in das Prüfbuch einzutragen. Die ausstellende Stelle ist zu
benachrichtigen, das Prüfbuch ist einzuziehen und der ausstellenden Stelle zuzuleiten, wenn die Herstellung

ordnungsgemäßer Zustände innerhalb angemessener Frist nicht zu erwarten ist.
(8) Bei Fliegenden Bauten, die von Besuchern betreten und längere Zeit an einem Aufstellungsort betrieben
werden, kann die für die Gebrauchsabnahme zuständige Bauaufsichtsbehörde aus Gründen der Sicherheit
Nachabnahmen durchführen. Das Ergebnis der Nachabnahme ist in das Prüfbuch einzutragen.
(9) § 68 Abs. 1, 2 und 4, § 81 Abs. 1 und 4 gelten entsprechend.

§ 77 Bauaufsichtliche Zustimmung

(1) Nicht verfahrensfreie Bauvorhaben bedürfen keiner Genehmigung, Genehmigungsfreistellung und Bauüberwachung,
wenn
1. die Leitung der Entwurfsarbeiten und die Bauüberwachung einer Baudienststelle des Bundes oder eines
Landes übertragen ist und
2. die Baudienststelle mindestens mit einem Bediensteten mit der Befähigung zum höheren bautechnischen
Verwaltungsdienst und mit sonstigen geeigneten Fachkräften ausreichend besetzt ist.
Solche baulichen Anlagen bedürfen jedoch der Zustimmung der oberen Bauaufsichtsbehörde.
Die Zustimmung entfällt, wenn die Gemeinde nicht widerspricht und, soweit ihre öffentlich-rechtlich geschützten
Belange von Abweichungen, Ausnahmen und Befreiungen berührt sein können, die Nachbarn dem Bauvorhaben
zustimmen. Keiner Genehmigung, Genehmigungsfreistellung oder Zustimmung bedürfen unter den Voraussetzungen
des Satzes 1 Baumaßnahmen in oder an bestehenden Gebäuden, soweit sie nicht zu einer Erweiterung
des Bauvolumens oder zu einer nicht verfahrensfreien Nutzungsänderung führen, sowie die Beseitigung
baulicher Anlagen.
(2) Der Antrag auf Zustimmung ist bei der oberen Bauaufsichtsbehörde einzureichen.
(3) Die obere Bauaufsichtsbehörde prüft
1. die Übereinstimmung mit den Vorschriften über die Zulässigkeit der baulichen Anlagert nach den §§ 29 bis
38 BauGB und
2. andere öffentlich-rechtliche Anforderungen, soweit wegen der Zustimmung eine Entscheidung nach anderen
öffentlichrechtlichen Vorschriften entfällt oder ersetzt wird.
Die obere Bauaufsichtsbehörde entscheidet über Ausnahmen, Befreiungen und Abweichungen von den nach
Satz 1 zu prüfenden sowie von anderen Vorschriften, soweit sie nachbarschützend sind und die Nachbarn nicht
zugestimmt haben. Im Übrigen bedarf die Zulässigkeit von Ausnahmen, Befreiungen und Abweichungen keiner
bauaufsichtlichen Entscheidung.
(4) Die Gemeinde ist vor Erteilung der Zustimmung zu hören. § 36 Abs. 2 Satz 2 Halbsatz 1 BauGB gilt

entsprechend. Im Übrigen sind die Vorschriften über das Baugenehmigungsverfahren entsprechend anzuwenden.
(5) Anlagen, die der Landesverteidigung dienen, sind abweichend von den Absätzen 1 bis 4 der oberen Bauaufsichtsbehörde
vor Baubeginn in geeigneter Weise zur Kenntnis zu bringen. Im Übrigen wirken die Bauaufsichtsbehörden
nicht mit. § 76 Abs. 2 bis 9 findet auf Fliegende Bauten, die der Landesverteidigung dienen,
keine Anwendung.

Abschnitt 4 - Bauaufsichtliche Maßnahmen

§ 78 Verbot unrechtmäßig gekennzeichneter Bauprodukte

Sind Bauprodukte entgegen § 22 mit dem Ü-Zeichen gekennzeichnet, kann die Bauaufsichtsbehörde die
Verwendung dieser Bauprodukte untersagen und deren Kennzeichnung entwerten oder beseitigen lassen.

§ 79 Einstellung von Arbeiten

(1) Werden Anlagen im Widerspruch zu öffentlich-rechtlichen Vorschriften errichtet, geändert oder beseitigt,
kann die Bauaufsichtsbehörde die Einstellung der Arbeiten anordnen. Dies gilt auch dann, wenn
1. die Ausführung eines Vorhabens entgegen den Vorschriften des § 72 Abs. 6 und 8 begonnen wurde, oder
2. bei der Ausführung
a.) eines genehmigungsbedürftigen Bauvorhabens von den genehmigten Bauvorlagen,
b.) eines genehmigungsfreigestellten Bauvorhabens von den eingereichten Unterlagen abgewichen wird,
3. Bauprodukte verwendet werden, die entgegen § 17 Abs. 1 keine CE-Kennzeichnung oder kein Ü-Zeichen
tragen,
4. Bauprodukte verwendet werden, die unberechtigt mit der CEKennzeichnung (§ 17 Abs. 1 Satz I Nr. 2) oder
dem Ü-Zeichen (§ 22 Abs. 4) gekennzeichnet sind.
(2) Werden unzulässige Arbeiten trotz einer schriftlich oder mündlich verfügten Einstellung fortgesetzt, kann die
Bauaufsichtsbehörde die Baustelle versiegeln oder die an der Baustelle vorhandenen Bauprodukte, Geräte,
Maschinen und Bauhilfsmittel in amtlichen Gewahrsam bringen.

§ 80 Beseitigung von Anlagen, Nutzungsuntersagung

Werden Anlagen im Widerspruch zu öffentlich-rechtlichen Vorschriften errichtet oder geändert, kann die
Bauaufsichtsbehörde die teilweise oder vollständige Beseitigung der Anlagen anordnen, wenn nicht auf andere
Weise rechtmäßige Zustände hergestellt werden können. Werden Anlagen im

Widerspruch zu öffentlichrechtlichen
Vorschriften genutzt, kann diese Nutzung untersagt werden.

Abschnitt 5 - Bauüberwachung

§ 81 Bauüberwachung

(1) Die Bauaufsichtsbehörde kann die Einhaltung der öffentlich-rechtlichen Vorschriften und Anforderungen
und die ordnungsgemäße Erfüllung der Pflichten der am Bau Beteiligten überprüfen.
(2) Die Bauaufsichtsbehörde überwacht nach näherer Maßgabe der Rechtsverordnung nach § 88 Abs. 2 die
Bauausführung bei baulichen Anlagen
1. nach § 66 Abs. 3 Satz 1 und 2 hinsichtlich des von ihr bauaufsichtlich geprüften Standsicherheitsnachweises
und
2. nach § 66 Abs. 3 Satz 3 hinsichtlich des von ihr bauaufsichtlich geprüften Brandschutznachweises.
(3) Im Rahmen der Bauüberwachung können Proben von Bauprodukten, soweit erforderlich, auch aus fertigen
Bauteilen zu Prüfzwecken entnommen werden.
(4) Im Rahmen der Bauüberwachung ist jederzeit Einblick in die Genehmigungen, Zulassungen, Prüfzeugnisse,
Übereinstimmungszertifikate, Zeugnisse und Aufzeichnungen über die Prüfungen von Bauprodukten, in die
Bautagebücher und andere vorgeschriebene Aufzeichnungen zu gewähren.

§ 82 Bauzustandsanzeigen, Aufnahme der Nutzung

(1) Die Bauaufsichtsbehörde kann verlangen, dass ihr Beginn und Beendigung bestimmter Bauarbeiten angezeigt
werden. Die Bauarbeiten dürfen erst fortgesetzt werden, wenn die Bauaufsichtsbehörde der Fortführung der
Bauarbeiten zugestimmt hat.
(2) Der Bauherr hat die beabsichtigte Aufnahme der Nutzung einer nicht verfahrensfreien baulichen Anlage
mindestens zwei Wochen vorher der Bauaufsichtsbehörde anzuzeigen.
(3) Eine bauliche Anlage darf erst benutzt werden, wenn sie selbst, Zufahrtswege, Wasserversorgungs- und
Abwasserentsorgungs- sowie Gemeinschaftsanlagen in dem erforderlichen Umfang sicher benutzbar sind, nicht
jedoch vor dem in Absatz 2 bezeichneten Zeitpunkt. Feuerstätten dürfen erst in Betrieb genommen werden, wenn
der Bezirksschornsteinfegermeister die Tauglichkeit und die sichere Benutzbarkeit der Abgasanlagen bescheinigt
hat. Verbrennungsmotoren und Blockheizkraftwerke dürfen erst dann in Betrieb genommen werden, wenn er die
Tauglichkeit und sichere Benutzbarkeit der Leitungen zur Abführung von Verbrennungsgasen bescheinigt hat.

Abschnitt 6 - Baulasten

§ 83 Baulasten, Baulastenverzeichnis

(1) Durch Erklärung gegenüber der Bauaufsichtsbehörde können Grundstückseigentümer öffentlich-rechtliche
Verpflichtungen zu einem ihre Grundstücke betreffenden Tun, Dulden oder Unterlassen übernehmen, die sich
nicht schon aus öffentlichrechtlichen Vorschriften ergeben. Baulasten werden unbeschadet der Rechte Dritter mit
der Eintragung in das Baulastenverzeichnis wirksam und wirken auch gegenüber Rechtsnachfolgern.
(2) Die Erklärung nach Absatz 1 bedarf der Schriftform. Die Unterschrift muss öffentlich beglaubigt oder vor der
Bauaufsichtsbehörde geleistet oder von ihr anerkannt werden.
(3) Die Baulast geht durch schriftlichen Verzicht der Bauaufsichtsbehörde unter. Der Verzicht ist zu erklären,
wenn ein öffentliches Interesse an der Baulast nicht mehr besteht. Vor dem Verzicht sollen der Verpflichtete und
die durch die Baulast Begünstigten angehört werden. Der Verzicht wird mit der Löschung der Baulast im
Baulastenverzeichnis wirksam.
(4) Das Baulastenverzeichnis wird von der Bauaufsichtsbehörde geführt. In das Baulastenverzeichnis können
auch eingetragen werden
1. andere baurechtliche Verpflichtungen des Grundstückseigentümers zu einem sein Grundstück betreffendes
Tun, Dulden oder Unterlassen und
2. Auflagen, Bedingungen, Befristungen und Widerrufsvorbehalte.
(5) Wer ein berechtigtes Interesse darlegt, kann in das Baulastenverzeichnis Einsicht nehmen oder sich Abschriften
erteilen lassen.

Teil 6 - Ausführungsbestimmungen zum Baugesetzbuch

§ 84 Nachnutzung land- und forstwirtschaftlicher Gebäude

§ 35 Abs. 4 Satz 1 Nr. 1 Buchst. c BauGB ist bis zum 31. Dezember 2004 nicht anzuwenden.

§ 85 Zuständigkeitsregelungen für Aufgaben nach dem Baugesetzbuch

(1) Die Aufgaben der höheren Verwaltungsbehörden nach § 10 Abs. 2, § 17 Abs. 2 und 3, § 34 Abs. 5 und § 35
Abs. 6 BauGB werden für das Gebiet der Gemeinden, die der Rechtsaufsicht des Landratsamtes unterstehen,
dem Landratsamt übertragen. Dies gilt nicht, soweit anstelle der Gemeinde eine Körperschaft des öffentlichen
Rechts, die der Rechtsaufsicht der Landedirektion Sachsen untersteht, die

61

Bebauungspläne aufstellt oder
Satzungen erlässt.
(2) Die Aufgaben der höheren Verwaltungsbehörde nach § 6 Abs. 1 und 3 BauGB werden für Flächennutzungspläne
von Gemeinden, die der Rechtsaufsicht des Landratsamtes unterstehen, dem Landratsamt übertragen.
Dasselbe gilt für Flächennutzungspläne von Verwaltungsverbänden und anderen Körperschaften des öffentlichen
Rechts, die der Rechtsaufsicht des Landratsamtes unterstehen.
(3) Zuständige Behörde für die Bestätigung gemäß § 158 Abs. 3 BauGB ist, soweit es sich um eine allgemeine
Bestätigung eines Sanierungsträgers handelt, der über den Einzelfall oder Gemeinden oder Landkreise hinaus
landesweit oder regional tätig sein wird, das Staatsministerium des Innern, in allen anderen Fällen die Landesdirektion
Sachsen.
(4) Zuständige Behörde für die Erteilung der Zustimmung zur Beschränkung der Geltungsdauer der Kosten- und
Finanzierungsübersicht gemäß § 149 Abs. 4 BauGB ist die Landesdirektion Sachsen.
(5) Für die Aufgaben nach den Absätzen 1 und 2 findet § 58 Abs. 1 und 5 entsprechende Anwendung.
(6) Der Freistaat Sachsen gewährt den Landkreisen für die nach den Absätzen 1 und 2 übertragenen Aufgaben
einen Mehrbelastungsausgleich von 0,53 EUR jährlich je Einwohner.

§ 86 Aufsicht über die Gutachterausschüsse nach dem Baugesetzbuch

(1) Die Aufsicht über die Gutachterausschüsse führen
1. die Landesdirektion Sachsen als obere Aufsichtsbehörden und
2. das Staatsministerium des Innern als oberste Aufsichtsbehörde.
Das Staatsministerium des Innern wird ermächtigt, durch Rechtsverordnung die der Landesdirektion Sachsen
obliegenden Zuständigkeiten einer nachgeordneten Behörde zu übertragen.
(2) Die Aufsichtsbehörden prüfen die Einhaltung der Rechtsvorschriften bei der Aufgabenwahrnehmung der
Gutachterausschüsse, die Einhaltung der den Gutachtern auferlegten Pflichten sowie die Geschäftsführung der
Gutachterausschüsse und ihrer Geschäftsstellen (Rechtsaufsicht).
(3) Kommt ein Gutachterausschuss einer schriftlichen Weisung der oberen Aufsichtsbehörde nicht fristgerecht
nach, kann diese anstelle der angewiesenen Behörde handeln (Selbsteintritt). Die oberste Aufsichtsbehörde muss
den Selbsteintritt für erforderlich halten und dies gegenüber der oberen Aufsichtsbehörde erklären. Weisungen
mit Bezug auf die Gutachtertätigkeit sind unzulässig.
(4) Vor Erhebung einer verwaltungsgerichtlichen Klage gegen eine Entscheidung des Gutachterausschusses
bedarf es keiner Nachprüfung in einem Vorverfahren. Dies gilt nicht für Vorverfahren, die bei In-Kraft-Treten
dieses Gesetzes bereits begonnen hatten.

Teil 7 - *Ordnungswidrigkeiten, Rechtsvorschriften, Übergangsvorschriften*

§ 87 Ordnungswidrigkeiten

(1) Ordnungswidrig handelt, wer vorsätzlich oder fahrlässig
1. einer nach § 88 Abs. 1 bis 3 erlassenen Rechtsverordnung oder einer nach § 89 Abs. 1 und 2 erlassenen
Satzung zuwiderhandelt, sofern die Rechtsverordnung oder die Satzung für einen bestimmten Tatbestand
auf diese Bußgeldvorschrift verweist;
2. einer vollziehbaren schriftlichen Anordnung der Bauaufsichtsbehörde zuwiderhandelt, die aufgrund dieses
Gesetzes oder aufgrund einer nach diesem Gesetz zulässigen Rechtsverordnung oder Satzung erlassen
worden ist, sofern die Anordnung auf die Bußgeldvorschrift verweist;
3. ohne die erforderliche Baugenehmigung (§ 59 Abs. 1), Teilbaugenehmigung (§ 74) oder Abweichung (§ 67)
oder abweichend davon bauliche Anlagen errichtet, ändert, benutzt oder entgegen § 61 Abs. 3 Satz 2 bis 5
beseitigt;
4. entgegen der Vorschrift des § 62 Abs. 3 Satz 3 und 4 mit der Ausführung eines Bauvorhabens beginnt;
5. Fliegende Bauten ohne Ausführungsgenehmigung (§ 76 Abs. 2) oder ohne Anzeige und Abnahme (§ 76
Abs. 6) in Gebrauch nimmt;
6. entgegen der Vorschrift des § 72 Abs. 6 mit den Bauarbeiten beginnt, entgegen der Vorschrift des § 61 Abs.
3 Satz 7 mit der Beseitigung einer Anlage beginnt, entgegen der Vorschrift des § 82 Abs. 1 Bauarbeiten
fortsetzt oder entgegen der Vorschrift des § 82 Abs. 2 bauliche Anlagen nutzt;
7. die Baubeginnsanzeige (§ 72 Abs. 8) nicht oder nicht fristgerecht erstattet;
8. Bauprodukte mit dem Ü-Zeichen kennzeichnet, ohne dass dafür die Voraussetzungen nach § 22 Abs. 4
vorliegen;
9. Bauprodukte entgegen § 17 Abs. 1 Satz 1 Nr. 1 ohne das Ü-Zeichen verwendet;
10. Bauarten entgegen § 21 ohne altgemeine bauaufsichtliche Zulassung, allgemeines bauaufsichtliches Prüfzeugnis
oder Zustimmung im Einzelfall anwendet oder
11. als Bauherr, Entwurfsverfasser, Unternehmer, Bauleiter oder als deren Vertreter den Vorschriften der § 53
Abs. 1, § 54 Abs. 1 Satz 3, § 55 Abs. 1 oder § 56 Abs. 1 zuwiderhandelt.
Ist eine Ordnungswidrigkeit nach Satz 1 Nr. 8 bis 10 begangen worden, können Gegenstände, auf die sich die
Ordnungswidrigkeit bezieht, eingezogen werden. § 22 des Gesetzes über Ordnungswidrigkeiten (OWiG) in der
Fassung der Bekanntmachung vom 19. Februar 1987 (BGBl. I S. 602), das zuletzt durch Artikel 2 des Gesetzes
vom 22. August 2002 (BGBl. I S. 3387, 3516) geändert worden ist, in der jeweils geltenden

Fassung, ist anzuwenden.

(2) Ordnungswidrig handelt auch, wer wider besseres Wissen

1. unrichtige Angaben macht oder unrichtige Pläne oder Unterlagen vorlegt, um einen nach diesem Gesetz

vorgesehenen Verwaltungsakt zu erwirken oder zu verhindern, oder

2. als Prüfingenieur unrichtige Prüfberichte erstellt.

(3) Die Ordnungswidrigkeit kann mit einer Geldbuße bis zu 500 000 EUR geahndet werden.

(4) Verwaltungsbehörde im Sinne des § 36 Abs. 1 Nr. 1 OWiG ist in den Fällen des Absatzes 1 Satz 1 Nr. 8 bis

10 die oberste Bauaufsichtsbehörde, in den übrigen Fällen die untere Bauaufsichtsbehörde.

§ 88 Rechtsvorschriften

(1) Zur Verwirklichung der in § 3 Abs. 1 und 2 bezeichneten Anforderungen wird die oberste Bauaufsichtsbehörde

ermächtigt, durch Rechtsverordnung Vorschriften zu erlassen über

1. die nähere Bestimmung allgemeiner Anforderungen der §§ 4 bis 48;

2. Anforderungen an Feuerungsanlagen (§ 42) sowie Abweichungen von § 42 Abs. 3 Satz 1 für Gasfeuerstätten;

3. Anforderungen an Garagen (§ 49);

4. besondere Anforderungen oder Erleichterungen, die sich aus der besonderen Art oder Nutzung der baulichen

Anlagen für Errichtung, Änderung, Unterhaltung, Betrieb und Nutzung ergeben (§ 51), sowie über die

Anwendung solcher Anforderungen auf bestehende bauliche Anlagen dieser Art;

5. Erst-, Wiederholungs- und Nachprüfung von Anlagen, die zur Verhütung erheblicher Gefahren oder Nachteile

ständig ordnungsgemäß unterhalten werden müssen, und die Erstreckung dieser Nachprüfungspflicht

auf bestehende Anlagen sowie

6. die Anwesenheit fachkundiger Personen beim Betrieb technisch schwieriger baulicher Anlagen und Einrichtungen

wie Bühnenbetriebe und technisch schwierige Fliegende Bauten einschließlich des Nachweises der

Befähigung dieser Personen.

(2) Die oberste Bauaufsichtsbehörde wird ermächtigt, durch Rechtsverordnung Vorschriften zu erlassen über

1. Prüfingenieure und Prüfämter, denen bauaufsichtliche Prüfaufgaben einschließlich der Bauüberwachung

und der Bauzustandsbesichtigung übertragen werden, sowie

2. Prüfsachverständige, die im Auftrag des Bauherrn oder des sonstigen nach Bauordnungsrecht Verantwortlichen

die Einhaltung bauordnungsrechtlicher Anforderungen prüfen und bescheinigen.

Die Rechtsverordnung nach Satz 1 regelt, soweit erforderlich,

1. die Fachbereiche und die Fachrichtungen, in denen Prüfingenieure, Prüfämter und Prüfsachverständige tätig werden;

2. die Anerkennungsvoraussetzungen und das Anerkennungsverfahren;
3. Erlöschen, Rücknahme und Widerruf der Anerkennung einschließlich der Festlegung einer Altersgrenze;
4. die Aufgabenerledigung und
5. die Vergütung.
(3) Die oberste Bauaufsichtsbehörde wird ermächtigt, durch Rechtsverordnung Vorschriften zu erlassen über
1. Umfang, Inhalt und Zahl der erforderlichen Unterlagen einschließlich der Vorlagen bei der Anzeige der beabsichtigten
Beseitigung von Anlagen nach § 61 Abs. 3 Satz 2 und bei der Genehmigungsfreistellung nach
§ 62;
2. die erforderlichen Anträge, Anzeigen, Nachweise, Bescheinigungen und Bestätigungen, auch bei verfahrensfreien
Bauvorhaben, sowie
3. das Verfahren im Einzelnen.
Sie kann dabei für verschiedene Arten von Bauvorhaben unterschiedliche Anforderungen und Verfahren
festlegen.
(4) Die oberste Bauaufsichtsbehörde wird ermächtigt, durch Rechtsverordnung
1. die Zuständigkeit für die Zustimmung und den Verzicht auf Zustimmung im Einzelfall (§ 20) auf unmittelbar
der obersten Bauaufsichtsbehörde nachgeordnete Behörden zu übertragen;
2. die Zuständigkeit für die Anerkennung von Prüf-, Zertifizierungs- und Überwachungsstellen (§ 25 Abs. 1
und 3) auf andere Behörden zu übertragen; die Zuständigkeit kann auch auf eine Behörde eines anderen
Landes übertragen werden, die der Aufsicht einer obersten Bauaufsichtsbehörde untersteht oder an deren
Willensbildung die oberste Bauaufsichtsbehörde mitwirkt;
3. das Ü-Zeichen festzulegen und zu diesem Zeichen zusätzliche Angaben zu verlangen;
4. das Anerkennungsverfahren nach § 25 Abs. 1, die Voraussetzungen für die Anerkennung, ihre Rücknahme,
ihren Widerruf und ihr Erlöschen zu regeln, insbesondere auch Altersgrenzen festzulegen, sowie eine
ausreichende Haftpflichtversicherung zu fordern;
5. die Zuständigkeit nach § 11 Abs. 1 Satz 1 und § 13 BauPG und § 7 Abs. 1 der Verordnung über das
Inverkehrbringen von Heizkesseln und Geräten nach dem Bauproduktengesetz (BauPGHeizkesselV) vom
28. April 1998 (BGBl. I S. 796) ganz oder teilweise auf andere Stellen auch außerhalb des Freistaates
Sachsen zu übertragen;
6. die Erteilung von Ausführungsgenehmigungen für Fliegende Bauten nach § 76 auf bestimmte Stellen zu
übertragen und
7. die Zuständigkeit zur Erteilung von Befähigungszeugnissen für fachkundige Personen nach Absatz 1 Nr. 6
auf unmittelbar der obersten Bauaufsichtsbehörde nachgeordnete Behörden zu übertragen.

(5) Die oberste Bauaufsichtsbehörde wird ermächtigt, durch Rechtsverordnung zu bestimmen, dass die Anforderungen
der aufgrund des § 14 des Gesetzes über technische Arbeitsmittel und Verbraucherprodukte (Geräte- und
Produktsicherheitsgesetz - GPSG) vom 6. Januar 2004 (BGBl. I S. 2), in der jeweils geltenden Fassung, und des
§ 16 Abs. 4 des Gesetzes über die Elektrizitäts- und Gasversorgung (Energiewirtschaftsgesetz EnWG) vom 24.
April 1998 (BGBl. I S. 730), das zuletzt durch Artikel 1 des Gesetzes vom 20. Mai 2003 (BGBl. I S. 686)
geändert worden ist, in der jeweils geltenden Fassung, erlassenen Rechtsverordnungen entsprechend für Anlagen
gelten, die weder gewerblichen noch wirtschaftlichen Zwecken dienen und in deren Gefahrenbereich auch keine
Arbeitnehmer beschäftigt werden. Sie kann auch die Verfahrensvorschriften dieser Verordnungen für anwendbar
erklären oder selbst das Verfahren bestimmen sowie Zuständigkeiten und Gebühren regeln. Dabei kann sie auch
vorschreiben, dass danach zu erteilende Erlaubnisse die Baugenehmigung oder die Zustimmung nach § 77
einschließlich der zugehörigen Abweichungen einschließen sowie dass § 15 Abs. 2 GPSG insoweit Anwendung
findet.

§ 89 Örtliche Bauvorschriften

(1) Die Gemeinden können durch Satzung örtliche Bauvorschriften erlassen über
1. besondere Anforderungen an die äußere Gestaltung baulicher Anlagen sowie von Werbeanlagen und Warenautomaten
zur Erhaltung und Gestaltung von Ortsbildern;
2. das Verbot von Werbeanlagen und Warenautomaten aus ortsgestalterischen Gründen;
3. die Lage, Größe, Beschaffenheit, Ausstattung und Unterhaltung von Kinderspielplätzen (§ 8 Abs. 2);
4. die Gestaltung der Plätze für bewegliche Abfallbehälter und der unbebauten Flächen der bebauten Grundstücke
sowie über die Notwendigkeit, Art, Gestaltung und Höhe von Einfriedungen; dabei kann bestimmt
werden, dass Vorgärten nicht als Arbeitsflächen oder Lagerflächen benutzt werden dürfen;
5. von § 6 abweichende Maße der Abstandsflächentiefe, soweit dies zur Gestaltung des Ortsbildes oder zur
Verwirklichung der Festsetzungen einer städtebaulichen Satzung erforderlich ist und eine ausreichende Belichtung
sowie der Brandschutz gewährleistet sind; die Gemeinde kann auch regeln, dass § 6 Abs. 5 keine
Anwendung findet, wenn durch die Festsetzungen einer städtebaulichen Satzung Außenwände zugelassen
oder vorgeschrieben werden, vor denen Abstandsflächen größerer oder geringerer Tiefe als nach diesen
Vorschriften liegen müssten, sowie
6. die Begrünung baulicher Anlagen.

(2) Örtliche Bauvorschriften können auch durch Bebauungsplan oder, soweit das Baugesetzbuch dies vorsieht,
durch andere Satzungen nach den Vorschriften des Baugesetzbuches erlassen werden. Werden die örtlichen Bauvorschriften durch Bebauungsplan oder durch eine sonstige städtebauliche Satzung
nach dem Baugesetzbuch erlassen, sind aus dem Ersten Kapitel die Vorschriften des Ersten und Dritten Abschnittes
des Ersten Teils, des Ersten Abschnitts des Zweiten Teils, die §§ 30, 31, 33 und 36 sowie aus dem
Dritten Kapitel die §§ 214 bis 215a BauGB entsprechend anzuwenden.
(3) Anforderungen nach den Absätzen 1 und 2 können innerhalb der örtlichen Bauvorschrift auch in Form zeichnerischer
Darstellungen gestellt werden. Ihre Bekanntgabe kann dadurch ersetzt werden, dass dieser Teil der örtlichen
Bauvorschrift bei der Gemeinde zur Einsicht ausgelegt wird. Hierauf ist in den örtlichen Bauvorschriften
hinzuweisen.

§ 90 Übergangsvorschriften

(1) Vor In-Kraft-Treten dieses Gesetzes eingeleitete Verfahren sind nach dem bisherigen Verfahrensvorschriften
weiterzuführen. Hiervon ausgenommen sind Bauvorhaben, die keinem Verfahren mehr unterliegen.
Die materiellen Vorschriften, die durch dieses Gesetz geändert werden und den Bauherrn begünstigen, sind auch
auf die vor In-Kraft-Treten dieses Gesetzes eingeleiteten Verfahren anzuwenden.
(2) Solange § 20 Abs. 1 BauNVO zur Begriffsbestimmung des Vollgeschosses auf Landesrecht verweist, gelten
Geschosse, deren Deckenoberfläche im Mittel mehr als 1,40 m über die festgelegte Geländeoberfläche hinausragt
und die über mindestens zwei Drittel ihrer Grundfläche eine lichte Höhe von mindestens 2,30 m haben, als
Vollgeschosse.
(3) Für bis zum 31. Dezember 2008 eingeleitete Verfahren genügt als rechtliche Sicherung der Zufahrt eine
Grunddienstbarkeit (§ 1018 BGB), wenn sie vor dem 1. Mai 1999 begründet worden ist, eine Dienstbarkeit nach
§ 116 Abs. 1 des Gesetzes zur Sachenrechtsbereinigung im Beitrittsgebiet (Sachenrechtsbereinigungsgesetz -
SachenRBerG) vom 21. September 1994 (BGBl. I S. 2457), das zuletzt durch Artikel 5 Abs. 14 des Gesetzes
vom 26. November 2001 (BGBl. I S. 3138, 3179) geändert worden ist, oder ein Mitbenutzungsrecht nach Artikel
233 § 5 Abs. 1 des Einführungsgesetzes zum Bürgerlichen Gesetzbuch in der Fassung der Bekanntmachung vom
21. September 1994 (BGBl. I S. 2494, 1997 S. 1061), das zuletzt durch Artikel 21 des Gesetzes vom 21. August
2002 (BGBl. I S. 3322, 3331) geändert worden ist, in der jeweils geltenden Fassung, soweit dieses noch als

Recht an dem belasteten Grundstück gilt.

(4) Für ein Wohngebäude der Gebäudeklassen 1 bis 3, für das ein rechtsgültiger qualifizierter Vorbescheid nach

§ 63 Abs. 3 Satz 1 der bisherigen Sächsischen Bauordnung (SächsBO) vom 18. März 1999 (SächsGVBl. S. 86),

die zuletzt durch Artikel 6 des Gesetzes vom 1. September 2003 (SächsGVBl. S. 418, 427) geändert worden ist,

erteilt worden ist, findet § 62 Anwendung.

(5) Abweichend von § 64 Satz 1 Nr. 3 prüft die Bauaufsichtsbehörde bis zum 30. September 2005 die

Anforderungen des baulichen Arbeitsschutzes.

(6) Abweichend von § 66 Abs. 2 Satz 1 ist bis zum 31. Oktober 2005 die Eintragung in die von der Ingenieurkammer

Sachsen zu führende Liste nicht erforderlich.

(7) Anerkennungen von Stellen als Prüf-, Überwachungs- und Zertifizierungsstellen nach bisherigem Recht

gelten bis zum 31. Dezember 2012.

In-Kraft-Treten und Außer-Kraft-Treten

(1) Dieses Gesetz tritt am 1. Oktober 2004 in Kraft, soweit in Absatz 2 nichts anderes bestimmt ist.

(2) Artikel 1* § 17 Abs. 4, 5 und 6, § 21 Abs. 2, §§ 86, 88 treten am Tage nach der Verkündung dieses Gesetzes

und Artikel 1* § 85 Abs. 1, 2, 5 und 6 tritt am 1. Juli 2005 in Kraft.

(3) Die Sächsische Bauordnung (SächsBO) vom 18. März 1999 (SächsGVBl. S. 86), zuletzt geändert durch

Artikel 6 des Gesetzes vom 1. September 2003 (SächsGVBl. S. 418, 427), tritt am 1. Oktober 2004 außer Kraft,

mit Ausnahme von § 88 Abs. 1, der am 1. Juli 2005 außer Kraft tritt.

Das vorstehende Gesetz wird hiermit ausgefertigt und ist zu verkünden.

* *Die Angabe Artikel 1 bezieht sich auf die Sächsische Bauordnung, die als Artikel 1 des Gesetzes zur*

Neufassung der Sächsischen Bauordnung und zur Änderung anderer Gesetze veröffentlicht wurde.

Dresden, den 28. Mai 2004

Der Landtagspräsident

Erich Iltgen

Der Ministerpräsident

Prof. Dr. Georg Milbradt

Der Staatsminister des Innern

Horst Rasch

Der Staatsminister

für Wirtschaft und Arbeit

Dr. Martin Gillo